al-Islām

『コーラン』は神様からのステキな詩

〜家族で読んだ夕べ〜

岡本英敏

元就出版社

『コーラン』は神様からのステキな詩——目次

『コーラン』は神様からのステキな詩

～家族で読んだ夕べ～

ある夜

～その話は突然やってきた～

「ただいま。」

「ただいまって、一体どうなさったの。こんな早くに帰ってくるなんて。」

予期せぬ、夫、耕造の早い帰宅に、妻、美津子は目を丸くして驚いた。

「そんな、幽霊でも見るような目で見なくてもいいじゃないか。足ならちゃんとついてるぜ。」

「足はちゃんと見えますけど、龍太郎もまだ部活から帰っていない時間ですよ。」

龍太郎は、中学二年になる一人息子であった。

「何か、招かれざる客といった感じだな。」

「いえ、そう悪くとらないで下さいよ。いつも仕事、仕事で遅いからちょっとびっくりしただけで。どっか具合でも悪いの？」

「身体の方は、これこの通りすこぶる調子がいいんで、全く心配はないさ。ただ、別の意味で驚かせることになるかもしれないがね。」

この先、耕造が話そうと思っている、吉田家にとっては重要な話の存在を悟られまいと、これまで努めて明るく振舞っていた耕造であったが、「驚かせることになるかも」と話したときだけは、すこしばかり神妙な表情になった。

「変なお話ではないでしょうね。怖いわ。」

リビングルームとつながっている対面式キッチンで、夕食の準備のためせわしく手を動かしながら美津子はそう言った。

と、そこへ、部活を終えた龍太郎が帰ってきた。

「どうしたの。お父さん、こんなに早く。」

「何だ何だ、お前までお母さんと同じ言葉を吐くのかよ。何か立場がないな。」

耕造はそういって頭をかいた。

「いやそういうつもりで言ったわけではないよ。あ、それよりお母さん早く夕食を作ってよ。お腹がぺこぺこでもう死にそうなんだ。」

「もう少し我慢しなさい。もう本当にお母さんのことを、召使くらいにしか思っていないんだから。それよりも早く手を洗ってきなさい。」

「わかったよ。」

耕造の早い帰宅を除けば、ここまでは吉田家のいつものペースであった。

やがてテーブルに、龍太郎の大好きなカレーライスと、逆に大嫌いだが、育ち盛りの龍太郎のためにと、うんざりするほどの量のサラダが盛られた大皿がテーブルの上に運ばれ、なごやかなムードのうちに夕食と相成った。

美津子が口を開いた。

「そうそう、さっきあなたが驚かせる話があると言っていたけど、それは何なの？」

「あ、それだったな。」

おもむろに顔を伏せ、そして所在なさげにスプーンでカレーライスをこねくり回しながら、耕造が切り出した。

「突然の話で何だが、今日常務に呼び出され、来月からリヤドに行ってくれないかとの打診があったんだ。」

美津子のスプーンを動かす手が止まった。

一方、龍太郎はと言えば、事の重大さに気付いているのかいないのか、どこ吹く風とばかりひたすらカレーライスをぱくついていた。

「リヤドって、……。」

唐突な耕造の話に、美津子は二の句を継げなかった。

「リヤドって、確かサウジアラビアの首都だよね。で、お父さんはそこへ行っちゃうわけ？」

口をもごもごさせながら、龍太郎は人ごとのようにそう言った。

美津子もようやく正気を取り戻し、

「それってどういうことなの？」

と少し問い詰めるような口調で耕造に言った。

「いや、全く悪い話ではないんだ。今度うちの会社が中東での事業を拡大することになり、支社長で是非ともということで、僕に白羽の矢が立てられたというわけだ。そんなわけで、むしろ栄転と考えてもらってもいいくらいなんだ。」

耕造は得意気に、そして声をはずませながら一気にまくしたてた。

確かに、耕造一人だけにとって見れば良い話には違いなかった。

彼は、大学ではイスラーム史を専攻、この時代、暇と金さえあればイスラーム圏を渡り歩いた。今でもその時の一こま一こまが鮮やかに思い出される。

イスタンブールのバザール。その喧騒と人いきれに人間の持つ大いなる活力を感じ、生きる上での形容しがたい原動力を与えられたような気がした。

パキスタンはラホールでの礼拝の時を告げるアザーンの響き。静寂を破るその澄みきった肉声に、イスラーム教徒ではないながら心洗われる気がしたのはなぜなのだろうか。

さらに、ヨルダンで口にした「メンセフ」。ぶつ切りにした羊肉をヨーグルトで煮込み、ご飯とともに食べるという、かの地きってのごちそうである。この味には抵抗を覚える日本人が多い中、心からの舌鼓《したつづみ》を打ったものである。

もっとも、一人身ならばともかく、今や妻子ある身。もはや自分だけの問題ではあり得ない。

何となく事情を飲み込みつつも、なおもいぶかる美津子が言った。

「今回のお話が悪い話ではないということはよくわかりましたが、家族はどうなるの？」

「それだが、幸い会社は家族打ち揃って当地に行くことに理解があり、できることならば皆についてきてもらえばありがたいのだが。」

それは、家族こそが社会の重要な基盤であるとする耕造の信念からでもあった。

ただ、この言葉には龍太郎が大いに反応した。

「ちょっと待ってよ。家族揃って行くったって、せっかく学校でもたくさんの友達ができて、部活も面白くなってきたところで、日本を離れるなんてちょっと困るよ。」

「まあ、突然の話なので、お前の気持ちもよくわかるがなあ、う～ん、……。」

予期し得た龍太郎の反応とはいえ、耕造は頭を抱えた。

実は家族を伴って行くというのには別の思わくもあった。

息子、龍太郎には真の国際人たることを期待する耕造にとって、世界人口の約六分の一を占めるイスラームへの理解は不可欠であると思われたからである。そうであれば、文化の違いゆえに息子には相応の苦労を強いることになるかも知れないが、直《じか》にイスラーム圏に住むことほど耕造の思わくに叶うものはなかった。

ただ、そうとはいえ、親の心子知らずという。龍太郎の心中が耕造にとって気になるところではあった。

その心配が的中した。

「ただ、龍太郎、お父さんも今すぐに決断してくれとは言わない。出発まではまだ間があるので、その間に何とか気持ちの整理をつけてくれないか、というのがお父さんの願いなんだがな。」

「と、言っても何が何でも行かないというわけじゃないよ。いきなりの話にちょっと驚いただけで、確かに友達や部活のことはひっかかるけども、外国に住むというのはちょっと興味がある気もするし、……。で、ところでリヤドに行ってもサッカーは続けられるの？」

龍太郎は、サッカー部に所属していた。

「もちろんさ。サウジアラビアでもやっぱりサッカーは盛んで、ワールドカップの出場ということから言えば、その歴史は日本よりも古いからね。」

「サッカーができるんだったら、行ってもいいかな。」

「まあ、あなたって人は、何をしに学校に行っているのかわかったものじゃないわね。」

と言いながら、リヤド行きに前向きな龍太郎に美津子は内心ほっとした。

確かに、美津子にとっても未知の異国の地は不安はあるけれども、家族揃ってという耕造の申し出と、会社の厚意は何としてもありがたく、最初は随分《ずいぶん》驚きはしたが、個人的にはそれが最善の選択だと思い始めていた。そこへ、龍太郎の不純な動機とはいえこの反応である。

美津子は言った。

「龍太郎さえよければ、私はこのお話に乗る用意はありますけど。」

「何だよ、僕次第ってわけか。プレッシャーがかかるな。」

「龍太郎、頼んだよ。ハハハ。」

少し明るい展望が見え始め余裕が出てきたのか、耕造はちょっと龍太郎を茶化すように息子の肩をたたきながら言った。

いずれにせよ耕造は、こうした家族の理解に心から感謝した。

実はそれ以前、耕造は、こうした理解を得られた場合、とりわけ子供ながら異国行きに関して少なからず不安を抱いているであろう龍太郎に対し、どういう形でそれに報いようかということを帰りの電車の中で考えていた。

ただ、それについての解答を自ら下すのにさほどの時間は要しなかった。耕造はすぐさま、彼が尊敬する人物の一人であるネルーについてのあることに思いを巡らしていた。ジャワハルラル・ネルー。ガンジーらとともに反英独立闘争を通じ、イギリスからのインド独立を勝ち得たその人である。

独立前、イギリス官憲の厳しい目が光る中、獄中にいることが多かった彼には一つの悩みがあった。彼には幼い一人娘がいたのであるが、そうしたわけで何も父親らしいことをしてあげられないという悩みであった。

彼は考えた末に一つの結論に達したのである。

自分がこれまで培《つちか》ってきた世界の歴史を獄中から手紙で綴ることで、かろうじて娘とのコミュニケーションを図ろうというものである。彼は早速《さっそく》、これを実行に移し獄中から手紙を書き続けたのである。手紙はやがて莫大な量に達した。

後年それは、"Glimpses of World History"、すなわち「世界史巡歴記」としてまとまり出版された。

この書を愛読する耕造にとってネルーのこの事績は、自らが子供に何をしてあげられるかを考える上での一つのヒントを与えた。

「これだ。」

耕造は確信した。

これから行こうとするリヤドは、いうまでもなくイスラーム圏であり、日本文化とは異質なその文化、生活体系に龍太郎は戸惑うことも多いだろう。幸い大学時代、自らはイスラーム史を専攻している。浅い理解かもしれないが、自ら持っているものを全て与えるのも父親としての役割であり、またこれ以上ない子供とのコミュニケーションを図る機会ともなるだろう。

ときに耕造は、イスラーム理解のためにはまずその聖典『コーラン』を、ということに迷いはなかった。毎夕食後、コーランを手元に置きながら、わかりやすくイスラームとは如何なるものかを理解させる。それで行こうと心に決めていたのである。

耕造は、美津子、そして龍太郎にそのことを告げた。

それに対して龍太郎が真っ先に反応した。

「いいよ、そんなこと、夕食後は見たいテレビがたくさんあるし、第一なんとなく照れくさいじゃない。」

「じゃあ、これならどうだ。お前が普段、家ではほとんど勉強してないことをお母さんから聞いていて、いずれカミナリをと思っていたんだが、それは不問に付すし、その間は勉強のことはうるさく言わないから。さあ、どうだ、どうだ。」

「痛いところを突かれたな。まあ、それならいいか。じゃあ、付き合ってあげるよ。」

「ただ、学校の宿題だけはしっかりとやっておけよ。」

「はい、はい、わかりました。」

「はいは、一度だけでいいの。」

そう言いつつ美津子は、それが家族との良いコミュニケーションを取る一つの方策として、夫が精一杯考えての上だろうと考え、非常に嬉しく思った。

いずれにしても、吉田家に一つの試みが始まろうとしていた。

第一夜

～アッラーってどんな神様？～

夕食が終わり、いつものように美津子は、流しのシンクに山のように積まれた食器の洗いに余念がなかった。

すっかり片付けられたテーブルの上に耕造は、書斎から持ってきたコーランの日本語訳を置いた。龍太郎はといえば、何とも言えぬ不思議な面持ちで、ちょこんと座っていた。

何かが始まろうとするその緊迫感に吉田家の空気はピンと張り詰め、ただ、流しの水の音だけがひときわ高く響いていた。

そんな空気に耐えられなくなった龍太郎が、まず口を開いた。

「何、何、この暗さは。お通夜じゃないんだから、明るく、明るく。」

「あ、そうだったな。ただ、俺が言い出したこととはいえ、こう面と向かうと何から話していいやら。確かに照れくさいもんだな。」

「何を言ってるのよ、いまさら。あなたが言い出したことなんだから。さあ、さあ、男らしく腹をくくってお始めくださいよ。」

そう言いながらも美津子は、夫のそうした気持ちもよくわかり、だからこそ、そう促《うなが》したのだった。

「そうだな、俺が緊張していても始まらないもんな。よし、じゃあやるか。」

ようやく耕造もふっきれた。

「とは言ってもどこから始めるかな。宗教に関する話なんで、まずはやっぱり神様についてということになるかな。それじゃあ、イスラームの神様についてはちょっとおいとくとして、日本の神様の話から始めようと思うんだが、龍太郎、いきなりだが、イザナギの命とイザナミの命という神様を知っているかな？」

「僕？　本当、いきなりだね。」

意表を突かれた形の龍太郎だったが、この吉田家の企画には面白がっているようには見えた。

「えっと、確か、日本の国土を作った神様だよね。小学校のときかな、何かのときに紙芝居で話を聞いたことがあるよ。」

「そうだな。『古事記』の冒頭に出てくる有名な神様で夫婦神なんだ。他に日本ではどんな神様を知っている？」

「これも紙芝居で見たことがあって、ちょっと神様の名前までは忘れたけど、ある神様が別の神様のふるまいにたまりかねて洞窟みたいなところに隠れてしまって、世の中が真っ暗闇になってしまうという物語に出てくる神様がいたよね。」

「ああ、天の岩屋戸のお話ね。」

美津子も参戦してきた。

「それはこういうお話よ。あるときスサノオの命の乱行に手を焼いた、その姉にあたるアマテラス大神が、天の岩屋戸に引きこもってしまうのね。その結果、あなたも言ったように世の中は暗闇に包まれるのだけど、それを憂えた他の神様たちが、なんとかアマテラスを岩屋戸から出そうと一計を案じた結果、岩屋戸の前で面白おかしく踊ったの。その様子を察知したアマテラスがどういった楽しいことが行われているんだろうと岩屋戸を少し出たところ、他の神様がアマテラスをぐっと引っ張って、見事アマテラスの引き出しに成功したというお話なのよ。」

「お母さん、よく知っているじゃない。」

「そうでしょ、そうでしょ。少しは見直した？　だったら、これからはへらず口をたたかないのよ。」

美津子はそう言いながら、「どうよ？」という感じで胸を張ってみせた。

「お母さんの言う通りだな。日本には他にも、ある意味でユニークな神様がいっぱいいるんだ。」

「ところで、日本には一体どれくらい神様がいるの？」

「正確にはわからない。よく日本の神様たちを指して『八百万の神』という言われ方をするけど、八百万は非常に多い、というほどの意味で、とにかく日本という国は多くの神様を持っている国なんだ。」

「そういえば、ギリシャ神話にも多くの神様が出てくるよね。」

「そうだ。ゼウスを始めとして、美の女神アフロディテとか、他に、海の神ポセイドンなんかも有名だな。いずれにしても、ギリシャ世界も多くの神様がいる世界、これを多神教世界というんだが、そういうことになるな。他に代表的な多神教世界と言えばわかるか？」

「そこまではちょっと……。」

「ちょっと難しかったか？　インドなんかもそうだね。ちなみにインドの神様なんて日本人にはなじみがないだろうと思われがちかもしれないが、意外に、あ、これも本来はインドの神様だったんだというのがあるんだ。」

「確か、帝釈天がそうではなかったかしらね。あの寅さんの映画に出てくる、葛飾柴又、帝釈寺の帝釈はそうですよね。」

「美津子もやるな。大いに参戦してきてくれよ。この帝釈天のルーツは、インドラというインドの代表的な神様に求めることができるんだ。他に例の七福神のうちの少なくとも、三つ、つまり弁財天、大黒天、毘沙門天はインド起源の神様と言われているんだ。とにかくインドの宗教世界も多神教なんだ。それじゃ、いよいよイスラームに話を移そうか。じゃあ、イスラームでは神様はどうだ。」

「確か、神様は一つしかいないんだよね。」

「そうそう。だから、世界中の宗教を神様がどれくらいいるという観点から分類すると、日本とかギリシャ、インドのように多神教に分類されるグループと、神は一つしかいないと考えるグループ、つまり一神教だね、とに分けることができるんだ。そのうち、イスラームは神は一つしかないと考えるうちの一つということになる。他に一神教にはどんな宗教があると思う？」

「キリスト教はそうだよね。それくらいかな。」

「いやいや、忘れてはいけないのは、キリスト教のルーツとも言えるユダヤ教もそうだ。

そういう一神教のうちの一つがイスラームということになるが、神は一つしかないということが、コーランでは繰り返し強調されているんだ。」

あなたがたの神は唯一の神（アッラー）である。（２・１６３）

アッラーは仰せられた。「二神をとっ（て仕え）てはならない。本当にかれは、唯一神であられる。それでわれだけを畏れなさい。」（１６・５１）

「ところでお父さん、アッラーというのは良く聞くけど、アッラーってどういう意味があるの？」

「一言でいえば、『神』という意味になるな。」

「本当に一言なのね。」

肩透かしを食わされた形の美津子は、ちょっと茶化しぎみにそういった。

「まあまあ、あせるなって、ちゃんと説明するから。アッラーという言葉はだな、アラビア語で神を意味する『イラーフ』（ilāh）に、定冠詞、と言ってもわかるかな。」

「定冠詞って、英語で言えば“the”だよね。」

「そうそう、その『イラーフ』に、アラビア語の定冠詞、『アル』（al）がくっついて、『アッラーフ』になり、それがさらにつづまって『アッラー』（Allāh）になったということなんだ。」

「じゃあ、英語でいえば、やはり『神』という意味の、『ゴッド』(the God) という位の意味になるのかしら？」

「そうそう、まさにそうだな。」

「そういえば、『旧約聖書』に出てくる、『ヤハウェ』という神も、確か一つしかない神様だよね。」

「よく知っているじゃないか。」

「うん。この前、学校の宗教の時間にこの話が出てきたんだ。」

龍太郎は、小学校からミッション系の私立学校に通っており、週に一時間設けられてある宗教の時間を通じて、多少とも聖書とキリスト教には慣れ親しんでいた。

龍太郎は続けた。

「『モーセの十戒』の話の中で、その第三だったかな、神の名をみだりに唱えてはいけないというものがあったんだけど、イスラームの神様も、アッラーなんてみだりに呼んではいけないの？」

「そこなんだが、たしかにユダヤ教の神ヤハウェに関してはその通りだな。だからユダヤ人は、神の名を呼べないようにヤハウェを記す際、『YHWH』という四文字で置き換えてきたんだ。これなら呼べないだろ。」

「母音がないから？」

「そう、この四文字は全部子音だから、読もうと思っても読めないというわけだ。」

「で、アッラーは？」

「心配するな、ちゃんと話すから。母子そろってちょっとせっかちだな。いくぞ、実は同じ一神教でもイスラーム教は、そのあたりはもっとおおらかなんだ。これはアラブ特有のおおらかさとでも言うのかな。イスラーム教徒、アラビア語ではムスリムというんだが、むしろことあるごとにアッラーの名を唱えるのを常としているところがあるな。」

「例えばどういうときに唱えるの？」

「ムスリムがよく唱える言葉に『イン＝シャー＝アッラー』というものがある。『もしもアッラーの御心ならば』というほどの意味だ。」

「イン＝シャー＝アッラーって言うの？　この言葉を使うのはどういうとき？」

「人と約束をするとき、例えば、『明日、渋谷のハチ公の前で七時に会いましょう』などというとき、ムスリムはその最後につけるんだ。」

「じゃあ、こういうのはどう？『今度のテストでは、必ず平均点を一〇点上げます。イン＝シャー＝アッラー。』」

「その使い方はないでしょう。じゃあ、何。平均点が上がらなかったら、神様の御心にそわなかったからって言い訳に使うつもりなの。まったくあきれた子ね。」

「さすがに、これは通用しないか。」

龍太郎は、ばつが悪そうに頭をかいた。

「お母さんの言うように、そういう使い方は感心しないぞ。」

「はーい。」

一応はしおらしく、龍太郎はそう返事した。

「いずれにしてもコーランでは、成功も失敗もすべては神様の思し召しだということを確認するためもあって、イン＝シャー＝アッラーという言葉を使うことを命じているんだ。」

何事でも、「わたしは明日それをするのです。」と断言してはならない。「アッラーが御好みになられるなら。」と付け加えずには。あなたが忘れた時は主を念じて、「わたしの主は、これよりも正しい道に近付くよう御導き下さるでしょう。」と言え。（18・23〜24）

「さきほどからの話を聞いていると、アッラーというのはムスリムにとっては絶対の神様という印象を受けるんですけど、そうなのかしら？」

「そうだな、まさに全知全能の神。それがアッラーといってもいいだろう。何よりもこの世のすべてのものを創造した神様だからな。」

アッラーこそは、天と地を創造され、天から雨を降らせ、これによって果実を実らせられ、あなたがたのために御恵みになられる方である。また船をあなたがたに操縦させ、かれの命令によって海上を航行させられる。また川をあなたがたの用に服させられる。

またかれは、太陽と月をあなたがたに役立たせ、両者は飽きることなく（軌道）を廻り、また夜と昼をあなたがたの用に役立たせられる。

またかれはあなたがたが求める、凡てのものを授けられる。仮令《たとえ》アッラーの恩恵を数えあげても、あなたがたはそれを数えられないであろう。（14・32〜34）

「そういうことだから、この人間も含めて全てはアッラーが創造したものという考えで、アッラー以外を崇拝するとか、所詮は人間が作ったものにしかすぎない偶像を拝むなどは、イスラームの感覚からするともっての他なんだ。」

「僕の学校には、キリストの像とか十字架なんかがあったりするけど、じゃあ、アッラーの像っていうものはないの？」

「もちろんさ。アッラー自身も含めて像を作って拝むなんてことは、イスラームでは絶対にゆるされないんだよ。」


かれら（多神教徒たち）は、何物も創造し得ないただの被造物に過ぎないものを（アッラーに並べて）崇拝するのか。

それらはかれらを助けられず、自分自身（さえ）も助けられない。（7・191〜192）

「そうそう、僕の友人にこんな経験をしたものがいた。仕事で、あるイスラームの国に行った際、日本からのお土産っていうんで、日本人形を持っていったというんだ。そうしたら空港でその人形を没収されたというわけ。人形もいわば像だからな。これは空港の係官が悪いというよりも、イスラームではそこまで偶像というのがタブーだということを知らなかった私の友人の方が迂闊だったんだな。」

「そこまでとは、私も知らなかったわ。女性の感覚では、ついお土産にお人形さんでもという気になるけども、文化をよく理解した上で気を付けなければね。」

美津子はしみじみとそう語った。

「アッラーが全知全能の神であるということの一面として、ムスリムにとってアッラーは、まさに厳父のごとき怖れの神でもあるんだ。」

「お父さんも怒れば相当怖いけど、それよりも怖いかな？」

「何の何の、そんなものじゃないさ。アッラーはね、創造の神でもあるとともに、世の終末をもたらす神でもあるんだ。その時、今生きている者はもちろん、すでに死んでしまった者も甦《よみがえ》らされた上でアッラーの前に引き出され、生前の行いに応じて厳しい審判が下される。その結果、天国に行ける者は良いが、地獄行きを命じられる場合もある。それはそれは厳しいものなんだ。」


ラッパが吹かれると、天にあるもの、また地にあるものも、アッラーが御望みにならされる者の外は気絶しよう。次にラッパが吹かれると、見よ、かれらは起き上って見まわす。

その時大地は主の御光で輝き、（行いの）記録が置かれ、預言者たちと証人たちが進み出て、公正な判決がかれらの間に宣告され、（少しも）不当な扱いはされない。

人びとは、その行ったことに対して、十分に報いられよう。かれは、かれらの行った凡てを最もよく知っておられる。

不信者は集団をなして地獄に駆られ、……

またかれらの主を畏れたものは、集団をなして楽園に駆られる。(39・68〜71、73)

「これは、本当に怖いや。」

「龍太郎、ただ怖いばかりではないんだよ。アッラーという神様の面白さは、一方で非常に慈悲深い神様でもあるということなんだ。」


アッラーが、しもべたちの悔悟を赦し、また施しを受け入れられることをかれらは知らないのか。またアッラーこそは、度々悔悟を赦《ゆる》される御方、情け深い方であられることを(知らないのか)。(9・104)

「アッラーがお情け深い慈悲の神であるというのは、アッラーの名前にも表されているんだ。」

「名前って、イスラームの神には『アッラー』以外にまた別の名前があるの?」

「うん。もちろんイスラームの神は第一には、『アッラー』という名前で表される。少し難しく言えば、これが一番重要な名前ということで本質名と言うんだ。それとは別に、この同じ神を表すのにイスラームでは、九十九もの名前を用意しているんだ。例えば、コーランの最も初めの部分にこんな表現がある。」

慈悲あまねく慈愛深きアッラー

「この『慈悲深く』、『慈愛あまねき』という言葉そのものが、九十九あるアッラーの別の名前のうちの名だというわけさ。」

「へえ〜、そうなんだ。イスラームの神様というと怖いばかりの神様と思ってたんで、何かちょっとホッとした気分。」

「まあ、多分お前の言うようにアッラーが怖いばかりの神という印象は、イスラームについて持っている日本人の偏見も一役買っているんだろうな。まあ、今日は最初でもあるので、これくらいにしておこうか。どうだ、もうイスラームはこりごりか。」

「いや、でも今日はイスラームの神様について本当によくわかったし、こんな風に話を進めていくんだったら面白いな。」

「でも、本音はその代わり、晴れて勉強しなくてもいいからなんじゃないの。」

「違うよ。本当に今日は十分に楽しみましたよ〜。」

美津子には本当のところを見透かされ、少し動揺したのか、そうおどけて見せた龍太郎であった。

「まあ、龍太郎ならそんなとこだろう。別に理由はなんでもいいや。いずれにしても何とか続きそうだな。」

今夜は、ひたすら龍太郎の反応に気を配りつつあっただけに、理由はともあれ息子のこの言葉に、ホッと胸をなでおろした耕造であった。

第二夜

～好きなものは、女性と香料と食べ物～

「龍太郎、昨日の晩は知恵熱が出なかったか？」

食後のコーヒーをすすりながら、耕造がからかった。

「知恵熱って、ひどいな。もう子供じゃないんだから。だけど、まかしといてよ。昨日の話は完璧に理解したから。」

龍太郎はそういって胸を張った。

「本当かしらね。ただ、龍ちゃんみたいな怖いもの知らずは、アッラーを恐れるイスラーム教徒たちの心まではわからないでしょうね。」

美津子は、夕食がすんだ後のテーブルをふきんで拭きながら、さぐりをいれるような目で龍太郎をみつめながら言った。

「そら、僕にだって怖いものくらいはあるよ。怒ったお父さんだってすごく怖いし……。あ、もっと怖いものがあったあった。サッカー部の監督の先生だよ。この先生の怖さは半端じゃないんだ。」

「で、お前はその先生のことは嫌いなのか？」

「いや、嫌いじゃないよ。むしろ尊敬しているから怖いという気持ちがあるかもしれないな。どうでもいい人だったら、そこまで怖いなんていう気持ちは起きないんじゃないかな。たぶん他の部員もそうだけど、この先生だったら勝つために自分たちのすべてを犠牲にしてもいいくらいに僕は思っているよ。」

「そういう心境を経験しているなら、アッラーを恐れるムスリムの心境はわかるはずだな。ムスリムも一緒なんだ。アッラーを信じてすべてをアッラーに捧げて生きているからこそ、見放されてはということで怖れ感覚が芽生えるんだ。」

「そう考えると、お父さんの言うように、僕の気持ちもこれに近いものがあるかもしれないな、確かに。」

「そうだと思うな。イスラームという言葉はそもそもそういうことで、つまりアラビア語の本来の意味は、自分が信じたり尊敬したりするものにすべてを捧げ切ってしまうことを言うんだ。」

「じゃあ、龍ちゃんもサッカー部の先生にはそう思っているわけだから、この態度もイスラームっていうわけ？」

後片付けを終え、ようやくテーブルについたばかりの美津子が言った。

「まさしくその通り。そうした意味から転じて、イスラームというのは神への絶対的服従とか信仰という意味になるんだ。」

「普段何気なくイスラームという言葉を使っていたけど、へーえ、そういう意味があるんだ。でも、どこまで行ってもイスラームはアッラーが一番大事なんだね。じゃあそうすると、あの人は、ええっと、名前は何って言ったかな。」

その名前を思い出そうとテーブルに顔を伏せて考えている龍太郎のそばから、美津子が助け船を出した。

「マホメットと言いたいんじゃないの？」

「さえてるじゃん、お母さん、そうそうそのマホメットだよ。この人はイスラームではどういった風に考えられているの？」

「まあ、当然の疑問だな。龍太郎にしては上出来だ。それじゃ今日は、その話を中心にしてみようか。ところでな、そのマホメットだが、この呼び方はむしろ英語読みなんで、これからはアラビア語に忠実にムハンマドと呼ばせてもらうぞ。」

「ところで、そのムハンマドって、もともとはどういう人だったの？」

「生まれは西暦五七〇年というから、日本でいうと丁度《ちょうど》聖徳太子と同じ世代ということになる。生まれた地はサウジアラビアのメッカだ。幼い頃は必ずしも恵まれた生活環境で育ったとはいえないようだな。生まれる前にお父さんはすでに亡く、お母さんもムハンマドがまだ幼いときに死別している。その後はおじいさんやおじさんに育てられたようだね。青年期のムハンマドは、隊商に従って物を売り歩く商人として活躍し、二十五歳の時、富裕な未亡人で十五近くも年上のハディージャという名の女性と結婚したと伝えられているのだ。」

「本当に普通の暮らしをしていた人なんだね。」

「そうだな。まあ、ここまではな。ところで、ある頃からメッカの郊外にあるヒラー山という山の洞窟で瞑想にふけるようになるのだが、六一〇年頃というから四〇歳位の時にある不思議な体験をするというわけだ。」

「不思議な体験というと。」

「ある晩、そのヒラー山の洞窟でブルダと呼ばれるテントにくるまって寝ていた時だ。ふと異様な感覚に襲われて目を覚ましてみると、その目の前にガブリエルという名の天使が現れた。コーランによるとその天使はこう言ったそうだ。」

（大衣に）包る者よ、
立ち上って警告しなさい。
あなたの主を讃えなさい。
またあなたの衣を清潔に保ちなさい。
不浄を避けなさい。
見返りを期待して施してはならない。
あなたの主の（道の）ために、耐え忍びなさい。（74・1～7）

「ムハンマドがあまりの恐怖に呆然としていると、続けてこの天使はこういったそうだ。」

読め、「創造なされる御方、あなたの主の御名において。
一凝血から、人間を創られた。」
読め、「あなたの主は、最高の尊貴であられ、
筆によって（書くことを）教えられた御方。
人間に未知なることを教えられた御方である。」（96・1～5）

「本当に怖そうだな。ぼくだったら思わず逃げ出すか、腰を抜かすところだろうな。」

「いや、それはムハンマドも一緒だよ。彼はてっきり、妖霊（ジン）という良からぬ霊にとりつかれたか、そうでなければ頭が変になったと思い込み、妻のハディージャに泣きついた位だからな。」

「で、そのハディージャはどうムハンマドに対処したの？」

そこは同じ女性同志、ハディージャの反応が如何にも気になるという様子で美津子は尋ねた。

「ああ、そこで彼女は早速、同じ一神教であるユダヤ教やキリスト教に詳しい甥、つまりハディージャの兄の子だな、その彼に相談した。その彼が言うには、ムハンマドの体験は、モーセをはじめ旧約聖書などに登場してくる預言者が体験したのと同じものだということなのだ。これを聞いたムハンマドは、ホット安心したのも束の間、新たな不安に駆られたのだ。」

「なぜ、不安なの。学校でモーセやなんかの話を聞く分には、何となく英雄っていう感じでかっこいいじゃん。ぼくだったら大歓迎だな。」

「お前は軽く考えているけど、そこがそう簡単じゃないんだな。龍太郎、ところで預言者ってどういう存在かわかる。」

「『予』言者でしょ。将来におこることを『予』言して人々を導くんだよね。なんとなくかっこ良いじゃない。」

「あ〜、そういうことか。だからかっこいいという印象が生まれてくるんだな。お前にってはノストラダムスみたいなイメージなんだな。」

「何、そのノストラダムスって？」

「あなた、ちょっとたとえが古いんじゃない？　ほんとオジサンはこれだから困ってしまうわね。今の龍ちゃんくらいの世代だと、安倍清明といったほうがピンとくるのよ。ねえ、龍ちゃん。」

「そうそう、いいこと言ってくれるじゃん、お母さん。」

「安倍清明？　今度はオレがわからないよ。まあ、いいよオジサンで。ちょっと形勢が不利だな。じゃあちょっと巻き返すか。龍太郎、ところで預言者って漢字ではどう書く？」

「『予』言者でしょ。」

「やっぱりそう書くか。正解は、『預』言者と書くんだ。」

「預かる？」

「そう、言葉を預かる者というのが預言者の本来の意味なんだ。もちろん、言葉というのは、神の言葉ということになるのだが、決して人間の得手勝手な能力で将来を見通すという『予言者』とは違うんだよ。」

「じゃあ、なぜムハンマドは自分がその預言者であるかもしれないということに不安を抱くの？」

「そのわけはいろいろあるが、まず第一には、神の言葉を預かるというのは人間にとってはあまりにも重荷であるということ。そしてこれがもっと大事なことなのだが、神の言葉は人間にとってしばしば厳しいものになるのだが、そうした人々に嫌がられる言葉を公衆の面前で言わなければならないというのは、相当な苦難を伴うことなのだよ。実際、旧約聖書に出てくる多くの預言者がそのことを思い、神からの預言を一旦《いったん》は拒否したり、預言を人々に語れば語ったで実際に迫害を受けたり、果ては自分の運命を呪ったりした預言者もいたりするんだ。」

「そんなものなのかな。」

まだ、解せない風の龍太郎であった。

「お母さんはわかったわよ。龍ちゃんはまだわからないようね。考えてもごらんなさい。龍ちゃんがいきなり新宿の西口の人の大勢いる前で、『今すぐに神様を信じないと、あなたがたは皆地獄へ落ちるぞ』なんて言った日には、どうなるのよ？」

「あ～、確かに周りの人達から白い目で見られるか、もしかしたら警察に連行されるかもしれないよね。まあ、確かに僕だったらそんなことを言う勇気はないな。」

「そうでしょ。そういうことなのよ。今の例はわかりやすかったでしょ。」

少し得意げに美津子は言った。

「そう言われればね。で、話は戻るけど、旧約聖書では実際、どんな預言者がどういった苦難を味わったの？」

「例えばエレミヤという預言者がいる。ちょうど今から二千七百年ほど前に現れたという預言者だが、この人は神からの預言をそういった理由で一旦は断っているんだ。しかし断り切れないと悟り、神からの預言を人々に語るのだが、その内容というのがこのままこういう生活を続けていると自分たちの都、この場合はユダヤの民だからエルサレムだが、これが滅びるぞと言うもの。案の定エレミヤは役人に捕らえられ、水溜めに放り込まれる。そんなことだから、自分の生まれた日は呪われよなんてことまで口にするんだ。」

「預言者というのも大変なんだね。」

「ようやくわかってくれたか。英雄とか、かっこいいというのとはほど遠いんだよ。」

「遅ればせながらだけど、ムハンマドが不安がった理由がよくわかったよ。」

「まあ、わかってくれれば早くても遅くてもいいやな。ちょっと手間がかかったけどな。そういうわけで、預言者というものは、神の言葉を預かるただの人間で、もちろん神でも何でもないんだ。イスラームでは、神はあくまでも唯一アッラーのみ。ムハンマドといっても一人の人間で、そのことはコーランにも繰り返し述べられているんだよ。」


言ってやるがいい。「わたしはあなたがたと同じ、只の人間に過ぎない。……。」（18・110）

ムハンマドは、一人の使徒に過ぎない。（3・144）

「そうすると、イエス様はどうなるの？　イエス様は人でもあり、神でもあると学校では習ったことがあるんだけど。」

「鋭い質問だな。お前の言うように、確かにキリスト教ではイエスは神でもあり人でもあるとされているね。そういうわけで、神は一つしかないということが徹底されているイスラームの立場からすれば、イエスが神でもあるというのは、それこそアッラーに対する最大の冒瀆であり、最も非難の矛先が向けられるところなんだ。コーランを見てみるよ。」

マルヤムの子マスィーフ・イーサーは、只アッラーの使徒である。（４・１７１）

かれ（イーサー）は、われが恩恵を施したしもべに過ぎない。そしてかれを、イスラエルの子孫に対する手本とした。（４３・５９）

「そんなことで、キリスト教ではイエスは神でもあるという立場なので、イエスにはどうしても奇跡が必要になってくるんだ。」

「イエスのお母さんのマリア様は、聖霊によってイエス様を身ごもったんだよね。」

「そう、少し難しく言えば処女懐胎という言葉になるが、こういう話は龍太郎、医学的には成り立ち得ない話だということくらいは、お前にもわかるだろう。」

「うん、まあね……。ちょっと照れくさい話だね。あと、学校で聞かされる話にも皮膚病の患者を清くしたり、目の見えない人を見えるようにしたり、奇跡の物語が確かに多い気がするよ。ところでムハンマドはどうなの？」

「逆に言うと、ムハンマドはあくまで人間なので奇跡話は必要ないんだが、それがかえってムハンマドに対する疑念を当時巻き起こしていたことがコーランにはうかがえるな。」

信じない者たちは、「何故主からかれらに一つの印も下らないのだろうか。」と言う。あなたは一人の警告者に過ぎない。各々の民には一人の導き手がある。（13・7）

「そうそう、これは是非とも聞きたかったんですけど、ムハンマドが生前、多くの妻を持っていたということは、イスラームではどう考えられているのかしら？」

女性としては、やはりこの点は気になるらしく、そう美津子が尋ねた。

「何かオレが問い詰められているような感じだな。お母さん、ちょっと顔が怖くないか。」

「それは、あなたにやましいところがあるからじゃないの。」

「いやそんなことはないが……。なんかちょっと話しにくいな。ただね、その点コーランは、ムハンマドについてのそういった話を避けたりごまかしたりはしてないね。こんな記述がコーランにはあるんだ。」

預言者よ、われがあなたの妻として許した者は、あなたがマハルを与えた妻たち、また捕虜としてアッラーがあなたに授けた、あなたの右手の所有する者、あなたの父方のおじ、おばの娘たち、母方のおじ、おばの娘たちで、あなたと共に移住してきた者、また女の信者で心身を預言者に捧げたという者で、もし預言者がこれと結婚を欲するならば（許される）。これはあなただけの（特例）で、外の信者たちには許されない。

（33・50）

「う〜ん。女の私としては何となくすっきりしないところだけども……。」

「ちょっと、その怖い顔をやめてくれよ。」

「でもね〜……。ただ、こういうことを包み隠さないところが、イスラームの面白いところね。」

少し美津子の顔がほころんできた。

「これもある意味で面白いところだけども、その女性についてもあまり度が過ぎないようにと、アッラーがムハンマドに忠告しているところもあるんだ。」

あなたはこの後、女（を娶《めと》ること）もまた妻たちを取り替えることも許されない。仮令《たとえ》その美貌があなたの気をひいても。（33・52）

「まあとにかくいろんな感想があるところだと思うが、ムハンマドに多くの妻がいるのも、すべてはアッラーの思召しというわけだ。」

「アッラーの思召しねぇ〜。ただ、こういう話がコーランにあってもムハンマドの存在が少しも傷がつかないところが、確かに興味が惹《ひ》かれるところではありますわね。」

「それというのも、イスラームではムハンマドは人間という立場が揺るぎないところからきてるんだね。」

「じゃ、ムハンマドには奇跡物語は全くないの？」

これまでの美津子の迫力におされて、口をはさむ余地のなかった龍太郎が久々に口を開いた。

「いや、実は一つだけコーランにムハンマドの奇跡が記されているんだ。」

「どんな話？」

「うん、ある晩、ムハンマドはガブリエルという天使の導きで翼のある天馬に乗り、メッカからエルサレムまで旅をし、そこから天へ昇っていったというものなんだ。」


そのしもべを（マッカの）聖なるマスジドから、われが周囲を祝福した至遠の（エルサレムの）マスジドに、夜間、旅をさせた。わが種々の印をかれ（ムハンマド）に示すためである。（17・1）

「この話から、エルサレムにはムハンマドがそこから昇天したとされる岩があって、現在はその岩があるところが『岩のドーム』として知られるモスクになっているんだ。」

「モスクって何？」

「わかりやすく言えばイスラームのお寺のことだね。ところで今のムハンマドの奇跡の話だが、まあ僕なんかはそこは宗教に関わることだから、一つくらいこんな話があってもいいと思っているが、イスラームではムハンマドはあくまで人間という位置づけなので、奇跡に関する話は基本的には必要ないというわけだ。」

「ムハンマドがあくまで人間ということは、ムスリムはムハンマドを崇拝してはいけないということになると思うんだけど。それでいいのかな。」

「もちろんそうだ。崇拝するのはアッラーだけだからね。」

「じゃ、ムハンマドというのは、他のムスリムたちと何ら変わりがないの？」

「ただ、ムハンマドはイスラームでは最も重要な預言者なので、もちろん崇拝してはいけないが、他のムスリムたちとは違ったランクに置かれているというか、つまり尊敬すべき存在とはされているようだな。」


（真の）信者とは、アッラーとその使徒を（心から）信じ、ある要件で（人びとが）集まり使徒と一緒にいる時、その許可を得るまでは立ち去らない者たちである。本当に何につけあなたに許しを求める者こそは、アッラーとその使徒を信じる者である。（24・62）

あなたがたは使徒の呼びかけを、あなたがた相互間の呼びかけのようにしてはならない。（24・63）

「龍太郎はお母さんのことを軽々しく思っているいるようだけど、コーランのこの最後の言葉にあやかって、お母さんなんて軽々しく呼ばさないで、母上様とでも呼ばせようかしらね。そう呼ばないとご飯も食べさせないとかね。」

「あ、それは困るよ、お母さん。」

「母上様でしょ。」

「まあまあ、ほらお母さん、龍太郎がそう言うとしても、結局はご飯につられてのことだからね。」

「まあ、そうね、本当に尊敬されるっていうのは難しいものね。」

「そうそう。母上様。」

「それはあなたの言うせりふではないでしょ。」

最後はやはり、美津子と龍太郎との漫才みたいな掛け合いのうちに二日目の夜も過ぎたのだった。

第三夜

～『コーラン』は、神様の詩だよ～

「そろそろ始めたいと思うんだが、ところで龍太郎はどこへ行った？」

「トイレかしらね。少し前からリビングにはいないわね。」

「逃げたかな。」

「いや、それはないでしょう。それなりに楽しそうでしたからね。」

と、そこへ龍太郎がリビングの戸を開けて入ってきた。

「今、聞こえたよ。逃げたはないでしょう。ほら、これ見てよ。お父さんの書斎からコーランを取ってきてただけだよ。本当に失礼するよな。」

「そうだったのか、すまんすまん。まあ、座れよ。そこまでやる気だったとはな。」

「ちょっと、龍ちゃんをみくびりすぎていたわね。まあ、それもあなたのキャラクターだから。それで許してよ。」

「許してよって、ほんと僕は損な性格だな。まあ、いいや。ところでね、今コーランを持ってくる途中でふっと思ったんだけど、コーランって著者というか、そもそも誰が書いたものなの？」

急に真面目な顔になって、龍太郎がそう尋ねた。

「じゃあ、逆に質問するが、新約聖書の中の『福音書』は誰が書いたものなのか知っているか？」

「ああ、それはこの前、学校で習ったばかりだよ。ええっと、マタイでしょ、それにマルコ、ルカ、後はっと……、ヨハネ、そうヨハネだよね。」

「よく覚えていた。お前にしては上出来だ。あ、ちょっと言い過ぎか。その通り、その四人がそれぞれの立場からイエスの生涯について書いたものが福音書というものだったな。新約聖書は他に『手紙』と呼ばれるもののうち、ほとんどがパウロという人物が書いたものだし、旧約聖書に関してもその冒頭の五書、世にモーセ五書と呼ばれているものは、信仰上モーセ自身が書いたものだと信じられているが、いずれにしても聖書は人間の手が加えられた書物だということになるな。」

「お父さんのその言い方からすると、コーランに書かれている内容は、人間の手が加えられていないということになりそうだけど……。」

「なんか、今日は妙にさえてるな。その通りで、本当に簡単に言ってしまえば、まさに神、アッラーの言葉そのものがコーランの内容というわけなんだ。」

「ということは、昨日の話でムハンマドは、その神の言葉を預かるという意味の預言者ということだったから、その言葉の受け取り手がムハンマドということになるのかな。」

「もう、今日は完璧だね。付け加えるとこがないくらいだ。その意味で同じ聖典でも、コーランが成立する上でのムハンマドの役割と、聖書でのモーセやパウロの役割とは随分《ずいぶん》と異なっているんだ。」

「もっと詳しく教えて欲しいんだけど、アッラーはどういう方法でムハンマドに言葉をお授けになったの？」

「ああ、実はコーランの原本ともいうべきものが、アッラーの手元にそもそもあるとされているんだ。」

本当にわれわれは、それをアラビア語のクルアーンとした。あなたがたが理解するために。それはわが許の母典の中にあり、非常に高く英知に溢《あふ》れている。（43・3〜4）

「じゃ、ムハンマドは、その原本を直接受け取ったということになるの？」

「龍ちゃん、もしかしたらあなたの頭の中には、モーセの十戒があるんじゃないの。」

ここで美津子が言葉をはさんだ。

「何でわかったの。そうそう、昔、学校の映画鑑賞会で『十戒』を見たことがあるからそのイメージが強くて。」

「そうでしょう、きっとそういうことだと思ったわ。実は、私も龍太郎と同じくそう思ったのですが、お父さんどうなの？」

「うん、モーセの場合は十戒を刻み付けた石板を直接神、この場合はヤハウェだね、その神からじかに受け取ったとされているが、コーランの場合は実はもう一段階あるんだ。」

「もう一段階って？」

「昨日も出てきたガブリエルという天使が、アッラーとムハンマドの仲介を果たす役割をするんだ。」

「天使って、イスラームでもいるんだ。」

「そうなんだ。天使は聖書の世界ではすっかりおなじみだが、イスラームでは天使というものを神と人間との中間的存在と位置付けていて、聖書に負けず劣らず生き生きとした姿でさまざまな天使が登場してくるんだ。」

「そのガブリエルという天使は、どういった天使なの？」

この龍太郎の問いかけに、美津子は、ここは私の出番とばかりに口をはさんだ。

「ガブリエルというと、私なんかはフラ・アンジェリコの『受胎告知』のあの清楚な絵を思いだしますが、マリア様の目の前に描かれているのがガブリエルですよね。そういえば、うちにある画集の中にその絵があったような気がしますので、ちょっと待ってて。」

というと美津子は、そそくさとリビングを出て、寝室にある書棚の中からその画集を持ってきた。

「これ、この絵よ。これがガブリエルよ。」

「あ、こんな絵がウチにあったんだな。そうそう、これがガブリエルだ。この絵は新約聖書の『ルカによる福音書』中の、ガブリエルがマリアに聖霊によってイエスを身ごもったことを知らせる記述を元にして描かれたものだね。」

「聖書には、何かたくさん天使が出てきたような気がするけど、ガブリエル以外にもコーランには天使が出てくるの？」

「ああ、例えばハールートとマールートという、ある意味でユニークな二柱の天使が出てくるね。」

「どうユニークなの？」

「この両天使は、人間の住む地上では天使ですら罪深くなるかどうかを試すために地上に舞い降りてくる。そうしたら案の定、肉欲に溺れ、果ては殺人まで犯す。そのためこの両天使は天上に帰ることを禁じられ、地上で人々に良からぬことを教える存在となってしまったということなのだ。実はこの話は、旧約聖書の『創世記』にも出てくるんだ。」

「言葉は悪いけど、ちょっと間抜けな天使たちだよね。イスラームにもいろんな天使がいるんだね。で、今の話なんだけど、ガブリエルがアッラーとムハンマドとの仲介をするってどういうことなの？」

「ああ、それだったな。そのガブリエル、イスラームではジブリールというんだが、この天使がアッラーに代わってコーランの原本、つまりアッラーの言葉だな、これをアラビア語でムハンマドに語る役割をするんだ。」

本当にこの（クルアーン）は、万有の主からの啓示である。
誠実な聖霊がそれをたずさえ、
あなたの心に（下した）。それであなたは警告者の一人となるために、
明瞭なアラビアの言葉で（下されたのである）。（26・192〜195）

「つまり、コーランというものはこういった次第で、ムハンマドが四〇歳の頃に初めてアッラーからの啓示があってからその死まで、断続的にアッラーからの言葉を受け続けたその集大成であると言っても良いだろう。」

「ところで、今までコーラン、コーランと言葉だけはさんざん聞いてきたけど、そもそもコーランってどういった意味があるの？」

「日本では普通コーランと言っているけども、アラビア語の発音にできるだけ忠実に言うなら『クルアーン』といった方が良いのかも知れないな。クルアーンというのは、アラビア語で『読誦すべきもの』、つまり声に出してよむべきものという意味なんだ。」

「それはもちろんアラビア語で？」

「そう。例えばキリスト教の教会などで聖書の言葉を唱えるとき、日本だったら牧師さんなどでも日本語に訳された形の聖句をそのまま読むね。わざわざ、旧約聖書の言葉を唱えるときにヘブライ語で読んだり、新約聖書の場合だったらギリシャ語で読むなんてことはしないだろ。だけど、コーランに関しては、そもそもガブリエルを通じてアラビア語で下された有り難い言葉なので、これを唱えるときは必ずアラビア語でなくてはいけないのだ。だから日本人にもムスリムがいるけども、たとえ日本人といえども宗教儀礼でコーランを唱えるときは、必ずアラビア語で唱えなくてはならないわけだ。」

「アラビア語に対するこだわりはすごいもんなんだね。」

「もちろんそうさ。アラビア語の言葉そのものが神の言葉だからね。だから長らくイスラームでは、コーランを各国の言葉に翻訳することを禁止してきたくらいだからな。そうそう、ここにコーランを朗読したテープがあるんで、どんなものかちょっと聞いてみないか。」

というと耕造は、リビングにある大型のオーディオ装置にテープを入れ、再生した。家庭のものとしてはかなり大型のこの装置は、クラシック音楽が好きな美津子のために特に設けたもので、リビングの四方にスピーカーをしつらえてあった。やがて、コーランの最も冒頭の章、開端章がリビング中に鳴り響いた。

「いやあ、これはすごい迫力だね。」

初めて聞くコーランの響きと、音響そのもののスケールの大きさに、龍太郎は大いに驚いた様子であった。

「私も、初めて聞きますけど、アラビア語ってなかなか音楽的な言葉ね。」

美津子はそんな感想をもらした。

「音楽好きのお母さんが言うんだから、そうなんだろうね。その通りで、一般にはアラビア語は非常に音楽的な響きとリズムを持つ言葉と言われているんだよ。だからコーランの読誦をアラビア語にこだわるうち、ムスリムたちはコーランの読誦自体をある種の宗教芸術にまで高めてきたといういきさつがあるんだ。」

「宗教芸術ね。たしかにそうした雰囲気を持った言葉ですね。グレゴリオ聖歌も好きですけど、人間の声の美しさを究めているということからすれば、甲乙つけがたいんじゃないかしらね。」

美津子は、なおもコーランを聞きながらそう言った。

「コーランの読誦自体が芸術的境地にまで高められたというのは、偶像崇拝の禁止ということも関係があるだろうな。」

「そうですね。キリスト教の場合は偶像ということに関しては、イスラームよりは良くも悪くもルーズなので、聖書を題材にして様々な絵画や彫刻などが発達しましたからね。」

「お母さんはその方面はうるさいからね。イスラームの場合は宗教絵画や彫刻、あるいは宗教音楽はご法度《はっと》なので、そういうこともあってコーランの読誦が芸術的境地にまで高められたということも事実だろうね。」

「そうだとしたら、コーランを全部暗記している人もいたりして。」

「というよりも、それがムスリムの一つの目標でもあるんだ。伝統的にイスラームでは、クッタープという幼い子弟を教える学校があって、ここでの教育の一番の基礎はコーランの暗誦なんだ。はやければ一〇～一二歳で、コーランを全部暗誦したものに与えられる称号であるハーフィズを与えられ、周囲の者から敬意を表されるということなんだ。」

「大したもんだね。一〇～一二歳というと僕よりも年下じゃない。僕なんかは来週の国語のテストまでに、和歌を一〇首覚えるだけで苦労しているのに。」

「苦労って、そんな自慢することじゃないでしょ。あなたの頭だと一生かかっても無理ね。」

「その言い方はひどいな。」

「じゃあ、ためしにコーランを全部暗記してみる？」

「よし、じゃあ。あ、いやいや、やっぱりやめておくよ。あやうくお母さんの手に乗るところだった。」

龍太郎はまたしても美津子にしてやられた。

「ちょっと、コーランを貸してよ。」

「どうするんだ。」

「いや、ちょっとどんなものかなと思って……。」

と言って龍太郎は、数ページペラペラとめくった。

「でも、コーランって、物語みたいなものではないんだね。旧約聖書なんかは、学校で読み進めていく感じでは、物語としても読めそうなんだけど、そういうものではなさそうだね。」

「確かにな。聖書のように出来あがったストーリーに慣れ親しんでいる者からすれば、コーランの記述は語り口調で、しかも繰り返しが多く、もしかしたらまとまりがないと感じるかも知れないね。逆に言えば、その記述の生々しさが神からのじきじきの言葉であるという何よりの証拠とみることもできるね。」

「ところで、お父さん、ムハンマドは預言者なんで、こういう、ちょっと読む限りでは人々に嫌われるかもしれない言葉を、みんなの前で語ったんだよね。それに対して、当時の人々からの批判はなかったの？」

「新しく起こった宗教は何でもそうだと思うが、当然イスラームも最初メッカでは激しい批判と迫害にさらされたもんだよ。その批判の主たるもののうちの一つが、ムハンマドが語る言葉は神の言葉でも何でもなく、ムハンマドが言葉を勝手に作り出して語っているんだろうというものだったんだ。コーランにもこんな記述があるくらいだからな。」

　われが一節を外の一節に替える時、アッラーはかれが啓示されたことを最も良く知っておられるが、かれらは、「あなたは一人の捏造者に過ぎない。」と言う。だがかれらの多くは、知らないのである。

言ってやるがいい。「聖霊が真理をもって、あなたの主からの啓示をもたらして来たのは、信仰する者を強固にするためであり、またムスリムたちへの導きであり吉報である。」（16・101〜102）

「コーランとしてまとまっているこの記述が、神からの言葉なのかそうでないのかは、今となっては実証のしようがないのは確かだな。ただ、神の言葉の集大成であるとされるコーランを元にして出来あがったイスラームが、それから千四百年も経った今なお、常に世界人口の六分の一近くの信徒を獲得し続けているという事実こそが大事なんじゃないかと僕は思うんだがね。」

「じゃあ、あまり読みにくい読みにくいといって、遠ざけているばかりでもいけないんだね。」

「そうだな。まあ確かに、コーランのそうした読みにくさも、もしかしたらイスラームに対する偏見の元になっているのかも知れないな。ただ、宗教上のことに関してはもちろん、日常生活、とりわけムハンマドは商人でもあったから、商業道徳についてもコーランには多くの記述があるが、それらのほとんどは宗教や民族を超えて受け入れられるものを持っているんで、読みにくいからと遠ざけるんではなく、もっと真正面から取り組む努力をしてもいいと思うんだけどな。」

「リヤドに行く前に少しずつでも、一通り読んでおこうかな。」

「まあ、それもいいけど、来週国語のテストがあるっていうのは、お母さん、初耳よ。さあさあ、まずはそこから始めましょうか。」

「変なことを言ってしまったな。でもイスラームのお話をしている間は、勉強は勘弁してくれるってことじゃなかったっけ。」

「いいえ、来週にテストが迫っているということであれば別よ。さあ、始めた、始めた。」

「お父さん、何か言ってよ。」

「う〜ん。まあ、お母さんの言うとおりだな。」

「何だ。結局、お父さんもお母さんには頭が上がらないんじゃないか……。」

小声で龍太郎はぼそぼそとつぶやいた。

「お父さんのこと、なんか言ったか。」

「いやいや、何も言っていないよ。わかりましたよ、やればいいんでしょ、やれば。四面楚歌とはこのことだな。」

そういって龍太郎は、とぼとぼと二階にある勉強部屋に向かったのだった。

第四夜

～信じる者は、施しを!!～

「あ、そうそう、次の日曜日におばあちゃんの誕生パーティーをするっていうことだったな。」

耕造が、急に思い立ったようにそう言った。おばあちゃんとは、美津子の母親のことであった。

「そうね、実家で行うので、行ってあげたら喜ぶと思うんだけど。」

自分の母親のことということもあり、いつもの美津子とは違い、少し遠慮がちにいった。

「いくつになるのかな。確か古希だったかな。」

「そう、古希ですね。」

「古希って何？　そんな言葉初めて聞いたよ。」

おばあちゃん子でもある龍太郎が尋ねた。

「龍ちゃん、あなた古希くらい知っておかないと恥ずかしいわよ。」

「まあ、まあ、お母さん、今の時代、中学生くらいで知っている方が珍しいんじゃないか。」

「そんなものですかね。古希というのはね、七十歳のことを指すのよ。昔は七十歳まで生きるというのは珍しかったのね。そこで杜甫という中国の詩人の詩の中に出てくる、『人生七十、古来稀なり』の古と稀をとって古希と言うようになったのよ。」

「でも、七十歳なんて今は珍しくないから、なんかピンとこない言葉だね。第一、おばあちゃんもまだまだ長生きしそうなくらい元気だしね。」

言葉を知らなかったという負け惜しみもあって、龍太郎はそう答えたのであった。

「そういえば、おばあちゃんはクリスチャンだったよな。」

「お父さんにお話したことがありましたっけ。でも自分だけの信仰で、家族に強いることはありませんでしたから、父や私を含めた兄弟は違いますけどね。」

「でも、美津子は、その影響でずっとミッション系の学校だったんだよな。」

「そうね、せめて学校はキリスト教式でということみたいだったのね。まあ、私はキリスト教に対しては、いささか不真面目な生徒だったかもしれませんがね。」

「おばあちゃんが、クリスチャンなんて、これまた全然知らなかったな。」

龍太郎は、何か自分だけ話から取り残されたような気分でそう言った。

「まあ、おばあちゃんを見ている分だけではわからないだろうな。クリスチャンだからということで、日常生活をする上で何をしてはいけないとか、何を食べてはいけないみたいに制約があるわけでもないもんな。それに、未だにお酒は相当いけるんだろ?」

「そうね、昔から大好きで、もしかしたら親戚の中でも一番強いくらいじゃないの。」

「でもキリスト教というと、お酒はいけないとか、何か生活をする上でいろんな約束ごとがありそうな気がしていたけどね……。」

「龍太郎、多分それはイメージだね。キリスト教というのはユダヤ教から出てきた宗教で、ユダヤ教が持っている様々な約束事、これを律法っていうんだが、これを否定して、ひたすら神の愛を思うということに主眼をおいたものだから、ユダヤ教や、イスラームみたいな厳しい戒律はないんだ。」

「そうなんだ……。でも確かにイスラームって何かずいぶん細かな取り決めなんかがあって、正直、窮屈そうな生活をしてるんじゃないかと感じるよね。」

「まあ、窮屈かどうかは別として、様々な戒律があるのは事実だ。じゃあ、今日はそこらあたりを話していこうかな。あ、ちょっとお母さん、コーヒーを入れてくれるかな。」

耕造は、ここで一休止を置き、好物であるコーヒーをすすり、そして続けた。

「イスラームの様々な戒律のうち、ムスリムである以上必ず行わなければならないとされる五つの事柄があって、それは一般には五行としてまとめられているんだが、今日はまず、ムスリムにとってもしかしたら一番基本になる行いとして、『信仰告白』というものの話からはじめよう。」

「信仰告白？　聞きなれない言葉だけど。何なのそれは？」

「信仰告白って、何か懐かしい響きね。私は学生時代に覚えさせられましたよ。」

「今も覚えている？」

「失礼するわね。じゃあ行くわよ。『我は天地の造り主、全能の父なる神を信ず。我はその独り子、我らの主、イエス・キリストを信ず。……。』」

「あ、もういいよ。長くなるから。」

「長くなるって、そもそも吹っかけてきたのはあなたのほうでしょ。」

「おみそれ致しました。お母さんの頭の良さは、重々分かり申してござる。」

「何か、馬鹿にされているようね。」

「いやいや、本当にそう思っているんだよ。今お母さんが言った文言は、キリスト教の信仰告白で、『使徒信条』と呼ばれているものだね。あ、そうそうさっきの龍太郎の質問だけど、信仰告白って簡単に言うと、自分が本当にその宗教を信じているということを言葉でもって告白することなんだ。」

「じゃあ、イスラームの信仰告白ってどんなの？」

「イスラームの信仰告白のことを、アラビア語では『シャハーダ』って言うんだが、ちょっとアラビア語で言ってみようか。『ラー　イラーハ　イッラッ＝ラーフ、ムハンマドゥン　ラスールッ＝ラーフ』。という具合だ。日本語では、『アッラーの他に神はなく、ムハンマドは神の使徒なり』、というくらいの意味になるな。」

「今、お母さんが言いかけたキリスト教の信仰告白に比べれば、ずいぶん短いような気がするけど。」

「そう、非常にシンプルだろ。しかもこの短い言葉の中にイスラームの本質が凝縮されているんだ。」

「そうね。『使徒信条』は必死に覚えたものですけど、これだと簡単に覚えられるという気がするわね。」

　美津子が答えた。

「ところがだな。面白いことにこれだけの重要な言葉が、コーランの中そのものにはないんだ。」

「どういうこと？」

「うん、ないという表現は適当でないかもしれないが、『アッラーの他に神はなく、ムハンマドは神の使徒なり』とこの表現そのものがないということなんだ。実はこのフレーズは『アッラーの他に……』と、『ムハンマドは、……』という二つの言葉をくっつけた言葉なんだ。ただ、コーランでは繰り返し神の唯一性と、ムハンマドが最も重要な神の使徒であると述べられているので、コーランの精神にのっとった大変重要な言葉であることには変わりはないけどね。」

「この信仰告白はどういうときに唱えられるの？」

「ああ、ムスリムにとって重要な行いである礼拝のことごとに唱えられることはいうまでもないことだが、実はこの言葉を心から唱えるだけで、イスラーム教徒として認められるんだよ。」

「唱えるだけで、イスラーム教徒になれるの？」

「そう。詳しくいうと、イスラームのお寺、モスクだな、ここで二人以上のムスリムの立ち会いの下でこの信仰告白を行うだけで、今の今までそれ以外の宗教徒であったとしても、ムスリムとして認められるんだ。」

「キリスト教だと、洗礼だっけ？　これが必要だよね。そんなものはないの？」

「そういうものはないね。ユダヤ教に改宗するときみたいに割礼、あ、割礼といってもわからないか、つまり男性であればその性器の包皮を切除するなんていう一種の儀式も、地域によっては行うところもあるけど、イスラームの教義の上からは必要ないんだ。」

「そうなのか。イスラームはいろんな取り決めが多い宗教なので、ムスリムになるためにはもっといろんなことをしなければいけないと思っていたんだけど、ちょっと意外だね。」

「そうだな。心から信仰告白をするだけでムスリムになれるというのは、逆に言えばそれだけ『ラー　イラーハ　イッラッ＝ラーフ、ムハンマドゥン　ラスールッ＝ラーフ』という言葉が、イスラームでは大事と考えられている証拠でもあるな。」

「『ラー　イラーハ　イッラッ＝ラーフ、ムハンマドゥン　ラスールッ＝ラーフ』か。短いし、すぐにおぼえられそうな言葉だね。」

「まあ、でも龍ちゃんの頭じゃ、これを覚えるとその分、頭の中の記憶スペースが少なくなりそうなので、来週の国語のテストが終わった後にした方が無難じゃない。」

「そんな僕の頭は冷蔵庫じゃないんだから……。これを入れたらこれが入んないなんてそんな頭がどこにあるのよ。」

「まあまあ、そうムキになるなって龍太郎。え～と、信仰告白の話はこれくらいだが、まだ時間があるがどうするかね。」

「もう少しやろうよ。あと三〇分くらいでしょ。その後にみたいテレビがあるから、そのかわり今日の勉強は勘弁してよ。」

「そういう取引に出たか。龍太郎、お前も相当したたかだな。」

「へへぇんだ。」

満面の笑みを湛《たた》えて、龍太郎は得意になった。

「まあ、いいやオレも調子が出てきたから、じゃあ五行のうちもう一つだけ話をするぞ。

次は『喜捨』というものだ。」

「き・し・ゃ？　どんな字を書くの？」

「『喜』んで、『捨』てると書くんだ。」

「全然イメージがわかないんだけど。」

「そうか。アラビア語ではザカートと言うんだが、簡単に言うと、貧しい人や恵まれない人に対する施しのことで、日本では救貧税などと訳されることが多いね。コーランにはどういう人が喜捨の対象となるのかが記されているんだ。」


施し［サダカ］は、貧者、困窮者、これ（施しの事務）を管理する者、および心が（真理に）傾いてきた者のため、また身代金や負債の救済のため、またアッラーの道のため（に率先して努力する者）、また旅人のためのものである。これはアッラーの決定である。（９・６０）

「喜捨の前提にあるのはこういう考え方なんだ。お金を含めて人間が持つ一切のものはアッラーのものとされるんだが、ところで世の中を見渡すと、お金持ちもいれば、貧しい者もいるね。これはなぜかというと、アッラーが意識的にある目的をもって特定の人に多くのお金を持たせたというわけなんだ。」

「それはどういうこと？」

「うん、世の中の人皆が同じだけ平等にお金を持っている状態だと、なかなか社会全体にとって有益で大がかりな事業や催しができないものだが、そうしたことをしやすくするために、特定の人に多くのお金を持たせたというわけなんだ。この理屈はわかるかな？」

「それはこういうことかしら。」

と美津子が言葉をはさんだ。

「上野の国立西洋美術館はそもそも、松方コレクションと呼ばれる、明治期の実業家である松方幸次郎が私財を投じて収集したものを収蔵するために作られたような美術館ですよね。この場合も松方という大金持ちがいて、しかもその財を投じたからこそ日本美術界の発展に貢献し得たというわけですよね。」

美術好きでもある美津子は、そんな例を持ち出した。

「お母さんならではの例えだね。まあ、その例でいいだろうな。それこそがこの社会にお金持ちが存在する理由として、イスラームでは考えられているんだ。だからこそ逆にそうしたアッラーの思し召しを理解しないで、お金持ちが社会に還元する形でお金を使わないとか、あるいはためこむというのはイスラームでは悪とされるんだ。俗な言葉で言うと、ケチな人は嫌われるといってもいいだろうな。」


アッラーは高慢な者、うぬぼれる者を御好みになられない。かれらは吝嗇《りんしょく》な者たちで、人びとにも吝嗇を勧め、アッラーがかれらに与えられた恩恵を隠すためにわが信仰を拒む者のためには、恥ずべき懲罰を準備しておいた。

（４・３６～３７）

災いなるかな、凡ての悪口を言って中傷する者。

財を集めて計算する（のに余念のない）者。（104・1〜2）

「ところで、施しを受けた側の方はというと、変に申し訳なく思ったり、卑屈になったりしないというのもまた面白いところなんだ。」

「というと？」

「つまり、施しを受けたことで、逆に施しをした人が持つお金を浄め、アッラーの救いに預からせてあげたという感覚なんだ。」


かれらの財産から施しを受け取らせるのは、あなたが、かれらをそれで清めて罪滅しをさせ、またかれらのために祈るためである。本当にあなたの祈りは、かれらへの安らぎである。（9・103）

「たしかヨルダンだったかな、学生時代にこんなことがあったよ。ある男が、私の元にやってきて、車をチャーターしてやったからと車の方へ案内してくれたんだ。聞けば、私がバザールで買い込んだものを重そうに持っていたんでというわけだ。いやありがとうと御礼をいうと、車を呼んであげたのでということで、お金をくれというんだ。私が何でという顔をしても決して悪びれない。仕方なくお金をわたしたのだが、今から考えると、その男からすれば日本人たる私はお金持ちで、当然施しをしなければならず、逆に施しをさせてあげたことで、この私を清めてあげたとこういうことなんで、決して悪気はなかったんだろうと思うんだな。それにしてもあの時はそういう理屈はわからなかったから、本当おどろいたよ。」

「日本だったら何て人だろうということになりそうだけど、その人にはその人なりのちゃんとした論理があるんだね。」

「そういうことだな。ちなみにザカートは本来の意味は、『浄め』ということだから、ヨルダンのその男の理屈通り、イスラームでは施しをした私のほうが浄められたことになるんで、その男にはむしろ感謝をしないとだめなくらいだね。」

「ところで、喜捨っていうのは、いつ行うとか、どれくらいの施しをするのかっていうきまりみたいなものはあるの？」

「ああ、今はある種制度化されていて、基本的には政府が徴収することになっているが、直接個人や団体に納めることもあるようだな。どれくらいの施しをするかというと、対象になるのは一年以上所有している金銭、家畜、農作物、所有する物品なんかで、納める最低税率も決まっているんだよ。例えば金銭であれば二・五%、家畜であれば、家畜の種類によって税率が違っているけど、〇・八〜二・五%、農作物についても種類や耕作方法によって違いがあるが五〜一〇%という具合だね。」

「かなり細かく取り決められているんだね。」

「そう、イスラームらしいところだな。ただこうしたある意味で義務としての喜捨のほかに、全くの自由意志で行う喜捨もあり、こちらは『サダカ』と呼ばれて、まあ、こちらの方が本来の喜捨の精神に近いとされているね。」

「でもここまで話を聞いていて、イスラーム社会というのは、弱い人や恵まれない人を助けるという体制ができあがっているのね。」

感心した様子で美津子がそう言った。

「同感だな。今の時代、福祉、福祉といわれているが、喜捨というのはまさに福祉の原点で、イスラームはその意味で時代を先取りしていたという感じがするね。」

「じゃあ、恵まれない僕のためにも、お小遣いをアップしてよ。お父さんやお母さんが浄められるように、いつも祈ってあげるからさ。」

「じゃあ、おれはこれから風呂にでも入ろうか。お母さん、沸いているかな?」

「それじゃ、湯加減確かめてくるわね。」

そういって二人ともそそくさと席を立った。

「何、何、無視攻撃に出てくるわけ。ちぇ、うまい論法だと思ったのにな。」

一人残されたテーブルで、そう龍太郎はつぶやいた。

第五夜

～礼拝は眠りに勝る～

「しかし、新聞のどこを読んでも不況、不況で、ほんと景気のいい話は聞かれないな。」

テーブルに大きく新聞紙を広げ、あわただしくページをめくりながら耕造が嘆息まじりにそう言った。

「そうね。景気のいいのはお寺さんか、神社くらいかしらね。神様、仏様にすがるくらいしかないでしょうからね。」

「まあ、そうかといって、必ずしもお寺や神社が景気が良くなるということでもないだろうね。」

「でも、景気がいいか悪いかで頼られたり、そうでなかったりする日本の神様、仏様も大変だね。」

日本の神仏は、いかにも憐れだという風に龍太郎がつぶやいた。

「それに比べると、ムスリムのアッラーへの信仰は、いつの時も揺るぎ無いものがあるし、景気の善し悪しで、礼拝の回数や熱心さが変わってくるなんてことはあり得ないからな。」

「礼拝か。イスラームと聞くと、やっぱり礼拝のことがまず頭に浮かんでくるけど、礼拝についても細かな取り決めがあるの？」

「ここでいう礼拝は、アラビア語では『サラート』というんだが、やはりいろいろな取り決めがあるな。その中で一日の礼拝回数に関してもきまりがあるが、その回数は？」

「ええっと、よくわからないけど二回か三回くらい？」

「いやいや、正解は五回だ。ただ、面白いことに、コーランには五回とは記されてはいないんだ。」


太陽が（中天を過ぎ）傾く時から夜のとばりが降りるまで、礼拝の務めを守り、また暁には礼拝をしなさい。（１７・７８）

礼拝は昼間の両端において、また夜の初めの時に、務めを守れ。（１１・１１４）

各礼拝を、特に中間の礼拝を謹厳に守れ。（２・２３８）

「今、コーランの中から一日の礼拝回数に関する記述を三つ挙げたが、一番最初の記述にしたがうと、夜明け前と日没後の二回、次の記述ではそれに夜の礼拝が加わって三回、最後の記述はそれに正午の礼拝が加わって四回となっていて、どうやら五回という回数は、後になって次第に確立されていったようなんだ。ただ、いずれにしても礼拝の重要さは、コーランにおいて繰り返し説かれているんだ。」

「その五回をいつ行うかもきまりがあるの？」

「ああ、順に挙げてみようか。まずアラビア語で『ファジュル』と呼ばれる早朝の礼拝から始まって、正午過ぎの礼拝、これは『ズフル』と呼ばれている。そして遅い午後の礼拝、

『アスル』、さらに日没後の礼拝の『マグリブ』、最後が夜の就寝前の礼拝の『イシャーウ』。以上がその時間なんだ。」

「ただ、正午とか日没といっても国によってその時間が違うし、同じ国でも夏か冬かで変わってくるけど、そのあたりはどうしてるの？」

「龍太郎、この表をみてごらん。」

「うわ、すごいこまかな数字が並んでいるけど、これみんな時刻を示しているんだよね。」

「そうだ。この表は、日本にいるムスリムをお世話するためのセンターでもらってきたものだが、五回の礼拝時刻と日の出の時刻が月別に五日ごとに記されている表だ。見ての通り一分単位で時刻が記されているんだが、基本になる日の出の時刻なんかは何と、東京天文台の資料からとってきているんだ。注意書きのところを見てごらん。わざわざ『プラスマイナス一分の誤差のある点に注意すること』なんていうことまで書かれているんだよ。」

「すごいね。ムスリムたちはこの時刻を厳格に守ってお祈りをしているの？」

「そう。ただ、一分単位で記されているこの時刻から、絶対に礼拝を始めなきゃならないというわけではなく、実際は五回それぞれの礼拝ごとに決められたその時間帯の中で行えばいいということなんだ。せっかくだから一回ごとに見ていくことにするか。まず早朝の礼拝、ファジュルだが、龍太郎、今日は一一月五日だから、時刻はどうなっている？」

「ええっと、四時の……三二分。四時三二分。」

「そうだな。ちなみにここに記されている時刻はすべて礼拝を始めるべき時間だから、早朝の礼拝の場合は、この時刻から日の出の一〇分前までの間に行えばいいんだ。」

「四時三二分か。それにしてもまた早く起きるもんだね。」

「あなた、それで感心している場合じゃないわよ。」

学校へ行かせるために毎日この息子を起こすことに苦労している美津子は、あきれたようにそう言い、そして続けた。

「夏至のあたりだから、六月二〇日頃を御覧なさい。日の出が一番早いこの時期はどうなってる？」

「六月二〇日はっと、いや、すごいや二時二四分。」

「龍ちゃん、あなた一回この時間に起きて勉強してみる？　世界が変わるかもよ。」

美津子は脅かし半分、からかい半分でそう言った。

「僕は今の世界で充分だから。」

そういって龍太郎は何とかかわした。

「まあまあ、お母さん、そういじめてやるなって。早起きが苦手っていうのは、ムスリムにとってもそうだからね。イスラームの国へ行くと、礼拝の時刻は人間の生の声で呼びかけるんだが、これを『アザーン』といい、特に美声の持ち主が一人選ばれて、モスクから、お祈りをしましょうと呼びかけるんだ。この呼びかけにも決められた文言があって、早朝の礼拝については特に『アッ＝サラート　ハイルン　ミナン＝ナウム』、つまり『礼拝は眠りに勝る』という文言が付け加わるんだよ。まあ、ムスリムたちも眠たいんだな。」

「でも、そんな朝早くに礼拝をして、その後はどうするの。時間が余ってしようがないっていう気もするんだけど。」

「まあ、そこはさまざまだね。出社時間までまだ間があるサラリーマンなんかは礼拝をした後、もう一回お布団にもぐりこむ者も居るようだけど、農業に携わっている者や遊牧で生活している人たちは、この礼拝をきっかけに一日の活動を始めている人が多いみたいだな。」

「確かに、一日が長く使えていい気もするけど、やっぱりぼくは勘弁して欲しいな。」

「日本にも早起きは三文の得ということわざがありますけど、それは万国共通っていう気がするわね。」

いじわるく龍太郎に視線を送りながら、美津子はそう言った。

「お母さん、とか何とか言って、明日からそれをやろうなんてことは言わないでよ。」

龍太郎はその先を言わせまいと、機先を制してそう言った。

「お前たちのトークはもういいか。じゃあ、続けるぞ。早朝の礼拝から、次の正午過ぎの礼拝、ズフルだな、それまでが礼拝の間隔としては一番長いんだ。ええっと、時間はっと何時になっているかな。」

「一一時二五分だね。」

「この時間は、太陽が真上にくる一五分前の時間で、正午過ぎの礼拝は太陽が真上に来る時間から三時間半のうちに行えばいいんだ。その次からが礼拝のラッシュアワーとなるけど、まず遅い午後の礼拝、アスル。これは？」

「二時二〇分。」

「これは日没の一〇分前までの時間が礼拝の時間帯となるから、日没の時間は？」

「四時四三分かな。」

「うん、その一〇分前までに礼拝を終えることになるんだな。さあ、どんどん忙しくなるぞ。次が日没後の礼拝のマグリブ。この開始時間は日没、ええっと四時四三分だったかな、その五分後から日没一時間後までがその時間帯となるね。」

「つぎの礼拝が最後だったよね。」

「そう、夜の就寝前の礼拝、イシャーウ。これは日没後一時間半から、寝床に就《つ》くまでに行うということになるな。」

「本当に正午からは、礼拝続きだね。」

「ただ実際上、早朝の礼拝をきっかけとして一日の動き始めが早く、次の礼拝まではたっぷり時間があるから仕事上は問題はないし、それ以後仕事が続くとしてもその間にはさまる礼拝は一、二回で、しかも一回のお祈りにかかる時間は数分だから、そう考えると我々が仕事の合間にお茶などをすすっている時間と、あまりかわりはないとも考えられるな。とすると、午後からの礼拝ラッシュも、彼らにはそう気にならないかもしれないね。」

「そうなんだ。礼拝については、まだ他にきまりごとはあるの？」

「うん、なにせ礼拝はムスリムにとっては極めて大事な行いの一つだから、礼拝についての決りごとはまだ他にもいくつかあるよ。」

「どんな？」

「どの方角に向かってお祈りするかということについても、きまりがあるんだ。」

「その方角は、やっぱり天ということになるの？」

「天といっても、あまりに漠然としているので、イスラームではきちっと決められている。イスラームの聖地は？」

「メッカだよね。」

「そう、そのメッカに向かって、ああ、ちなみにメッカの方角のことを『キブラ』というんだが、そのキブラに向けてムスリムは礼拝を捧げなければならないんだ。今からコーランでその部分を見てみたいと思うが、先の礼拝回数と同じでこれについても変遷があり、当初はユダヤ教やキリスト教などと同じく一神教だということで、その方角はエルサレムだったんだ。ちょっと見てみようか。」


人びとの中の愚かな者は言うであろう。「どうしてかれら（ムスリム）は守っていた方向［キブラ］を変えたのか。」

……われがあなたがたの守っていたものに対し、この方向［キブラ］を定めたのは、只、踵《きびす》を返す者と使徒に従う者とを見分けるためである。これは容易ではない事であるが、……。

われはあなたが（導きを求め）、天に顔を巡らすのを見る。そこでわれは、あなたの納得するキブラに、あなたを向かわせる。あなたの顔を聖なるマスジドの方向に向けなさい。あなたがたは何処にいても、あなたがたの顔をキブラに向けなさい。本当に啓典の民は、それが主からの真理であることを知っている。（２・１４２～１４４）

「だけどお父さん、ムスリムは世界中にいていつも同じ場所にいるとは限らないわけでしょ。そうしたらどうやってメッカの方角を知るの？」

「当然の疑問だな。確かに礼拝は、必ずしもモスクでやる必要はなく、礼拝の時間に居る場所であればどこででも行っていいわけだからな。そこでこのコンパスがあるんだ。」

と、耕造は、直径五センチほどの、我々が普通用いるのと外見上は変わらない方位磁石をテーブルの上に置いた。

「これは、普通の方位磁石を応用したメッカの方角を割り出すことが出来るコンパスで、世界中どこででも用いることができるんだ。ただ、今はこういう時代だから、メッカの方角と礼拝時刻を一挙に割り出せる時計まで開発されているんだけどね。」

「当然、モスクで礼拝を行える場合は、そんな手間はいらないんだよね。」

「ああ。モスクの場合は壁に、ミフラーブと呼ばれるアーチ状のくぼみでメッカの方角を表しているんだ。ちなみに、イスラームは偶像崇拝が禁止なので、モスクといってもその内部はきわめて簡素で、メッカの方角といってもそこには何もなく、多くはじゅうたんが敷き詰められた大広間といった感じだね。これがモスクの内部の写真だ。ちなみに、これはお父さんがパキスタンに行った時に撮ってきた写真なんだ。」

「あ、本当に内部はすっきりしているね。」

「どれ、」

と、美津子も写真を覗《のぞ》き込み、

「いや、確かに龍ちゃんの言う通りね。キリスト教の教会だと、正面には十字架や、マリア様の像なんかを仰々しくしつらえているけど、本当にシンプルなものね。」

多少の驚きとともにそう語ったのであった。

「礼拝で注意すべきことを続けるぞ。それには、時間、回数、方角の他に、『ニーヤ』というものがあるんだ。」

「ニーヤ?」

「そう。これから礼拝をしますよという意思表明として、決められた一連の動作、これを『ラカー』というんだが、それを何回くり返すかを宣することをいうんだ。あ、そうそう、そのことと関係あるんだが、そもそもムスリムは何のために礼拝を行うのかということも話しておかなくてはならなかったな。龍太郎、そもそも礼拝とかお祈りって何のためにするんだろう?」

「さっきの話だと、頼み事をするためではなさそうだよね。」

「まあ、それは日本人なんかの感覚だな。もちろんイスラームにもそういう種類のお祈りはあるけど、今話している礼拝、つまり五行のうちの一つとしてのサラートというものは、何か頼み事をするといったものとはむしろ正反対のタイプのお祈りと考えた方がいいね。」

「じゃ、どんなお祈り?」

「とにかくひたすらアッラーのことを思い、讃美し、感謝する、そのための礼拝と考えたらいいな。それは礼拝中に唱えるべき文言にも表れていて、各々の礼拝の最初に必ず唱える言葉『アッラーフ　アクバル』、つまり『アッラーは偉大なり』から始まって、以後とにかくアッラーをたたえる文言に終始しているね。それに礼拝中、コーランの中から三節以上の章句を唱えることという規定があるんだが、場合によっては一節で良いということで、その場合、特に勧めている章句が第一一二章の『信仰ただひとすじ』というものだ。見ての通り、最も簡潔な表現でアッラーをたたえている部分なんだ。」

慈悲あまねく慈愛深きアッラーの御名において。
言え、「かれはアッラー、唯一なる御方であられる。
アッラーは、自存され、
御産みなさらないし、御産れになられたのではない、
かれに比べ得る、何ものもない。」

「ただね、そうは言っても、お祈りの時に個人的な頼み事をしてはいけないわけではないんだ。その場合は、決められた一連の動作で礼拝を一通り終えた最後の方で、個人的なお祈りを捧げても良いとされている。このお祈りのことを『ドゥアー』というんだ。」

「ムスリムといっても人間だものね。俗っぽいと言われるかもしれないけど、これは何だかホッとする話ね。」

美津子の正直な感想であった。

「よし、じゃあ次が礼拝に際しての注意の最後だ。」

「何、まだあるの？　本当にたくさんの取り決めがあるんだね。」

龍太郎は目を丸くして驚いた。

「龍ちゃん、本当のところはもう話に疲れて来たんじゃない？　この数日間、慣れない頭をたくさん使ってきたからね。」

息子の表情を見て取り、美津子はそう茶々を入れた。

「いや、今日は特に部活の練習が厳しくてね……。」

と言い訳してみたものの、図星であった。

「疲れた頭には糖分が良いというから、龍ちゃん、あなたの好きなココアを入れてあげるんで、あと少しファイト、ファイト。」

「わかりましたよ～。」

「お母さん、オレにも一杯頼むよ。」

「じゃあ、うんと甘いのをいくわよ。」

といって美津子は、キッチンの方へ向かったのだった。

「よし、続けるぞ。とにかく礼拝というのはアッラーを思う厳粛で聖なる行いなので、礼拝に際しては必ず身を浄めなければならないんだ。コーランを見てみるぞ。」


信仰する者よ、あなたがたが礼拝に立つ時は、顔と、両手を肘まで洗い、頭を撫で、両足をくるぶしまで（洗え）。あなたがたがもし大汚の時は、全身の沐浴をしなさい。またあなたがたが病気にかかり、または旅路にあり、また誰か厠《かわや》から来た者、または女と交わった者で、水を見つけられない場合は、清浄な土に触れ、あなたがたの顔と両手を撫でなさい。（5・6）

「礼拝前の浄《きよ》めは、普通は『ウドゥー』、日本語では『小浄』と訳されている浄めを行うんだ。これも洗う部位や回数などが細かく規定されていて、それにしたがって流水で、たまった水はだめだよ、この流れる水で手足、顔、頭、耳、鼻などを念入りに洗い浄めるんだ。」

美津子が答えた。

「日本でもお寺や神社なんかで手や顔を洗うところがあるよね。何と言ったっけ。」

「手水《ちょうず》といいたいんでしょ。」

「まあ、あれも一種の浄めをするところだから、日本の中で強いてあげれば、ウドゥーはこの手水で手や顔を洗うことに近いのかもしれないな。ただ、『グスル』といって、もっとしっかりとした浄めをしなければならない場合もあるんだ。」

「どんな時？」

「うん、グスルはまさに『大浄』と訳されているんだが、ちょっと言いにくいな、なんといったらいいか、男の人と女の人とが床を共にした後とか、女性には生理というものがあることももう知っていると思うが、その後礼拝をする場合は、頭から水をかぶるなんかして、まさに全身をくまなく浄めなくてはならないんだよ。」

「今、コーランの中で水がない場合は、砂でも良いということだったけど。」

「水がない場合というのが、やはり砂漠の多いアラブらしいところだと思うんだけど、この場合は、乾いた土や石などで、水を使う場合ほど浄める部位は多くないけども行うということになっているね。」

「こうして考えると、ムスリムは清潔なんだね。」

「ムハンマド自身、『清潔は信仰の半ば』と言っているくらいだからね。ただ、どうしてもヨーロッパの人たちとか、もしかしたら日本人もそうかもしれないけど、イスラームの人たちはどこか不潔だと偏見を持っているような気がするけどそれは大違いなんだね。例えばペストという病気の流行を見てみると、かつてこの病気がヨーロッパや中国で猛威を奮ったときがあったが、イスラーム圏での流行は少なくとも記録にはないようだね。特にヨーロッパは何度か流行し、特に一四世紀には、これで人口の三分の一が失われたというほどすごかったんだ。これは必ずしもヨーロッパの人々が清潔ではないということの裏返しだとも考えられると思うよ。たとえば、なぜヨーロッパで香水が発達したかを、彼らがあまりお風呂に入らないので、それを隠すためというところから考えることも可能だからね。」

「こうした話を聞くまでは、僕もなんとなくそういった印象があったからね。この点は反省しなくちゃね。」

「柄になく、えらく殊勝じゃないか。ここまで、礼拝の話を長々としてきたが、礼拝の注意としてはそんなところかな。」

「何だったっけ。まず回数、時間、それからメッカの方角、キブラって言うんだったかな。そして浄めだよね。」

「何の何の。後一つ忘れているぞ。礼拝の意思表明は？」

「ああ。えーと、ニーヤだったかな。」

「そうだったな。それからこれは話さなかったけど、礼拝にも決められた動作があって、これにも決められた順序と意味付けがあるんだ。そして、今まで話した礼拝上の注意事項のうち、どれか一つでも欠けると礼拝は無効になるんだ。」

「無効ということは、礼拝として認めないということでしょ。これはすごいね。」

「まあそれだけ、礼拝が重要であるということの裏返しということだな。ただね、この礼拝を通じてムスリムは、そのほかいろんな望ましいことを得てもいるんだよ。」

「というのは？」

「うん、まず金曜日がイスラームの安息日なんだが、この日はモスクで皆が集まって礼拝すべき日とされていて、このモスクでの礼拝を通じて、お互いの親交を深められるというメリットがあるね。その他にも礼拝を行うことで、日頃のいやなことを忘れ、さあ、これからがんばろうという前向きの気持ちが生まれるなどの良い影響もあるようだ。」

「一口に礼拝といっても、いろんな意味でムスリムには大切な行いなんだね。今日はそのことが本当によくわかったよ。」

「何だ、龍太郎はもうまとめに入っているな。オレは終わるなんてひとことも言ってないぜ。まあ、実は今日の話はこれまでなんだけどな。」

「いや、だから話を良く聞いているから、何となくここで話がまとまったなってわかるんだよ。」

「どうだかね。まあ確かに今日は部活で疲れているようだから、早くおやすみなさい。だけどお風呂はしっかり入るのよ。それに歯磨きもわすれずにね。とにかくムスリムにあやかって清潔に、清潔に。」

「ふぁ～い。」

ふざけたようにそう返事し、龍太郎はお風呂場へと向かうのだった。

第六夜

～ホントは楽しい!?　断食月～

「あ〜、食った食った。もう入んないや。」

大好物のスキ焼きをたらふく平らげた後、龍太郎はお腹をたたきながらそう言った。

「何がもう入らないですか。まず言わなきゃならない言葉は何なの？」

「わかってますよ。ごちそうさまでしょ。」

「そうそう、本当に食べ物への感謝の気持ちがないんだから。」

「でもね、美津子、今の時代、食べ物に感謝するという気持ちを持つ方が難しいんじゃないか？　スーパーに行っても食べ物が山とあるし、だいたいダイエットなんていうのが流《は》行《や》る世の中だよ。ちょっと変だよな。」

「ダイエットといえば、お隣の奥さん、ほら、すこぶる体格の良いあの人よ。わかる？彼女このあいだ、あるお寺の断食修行に参加したっていう話よ。といっても、実は参加者の多くがダイエット目的なんですけどね。彼女は三日間のコースを体験したんだけど、最長、一週間水だけで過ごすコースもあるという話よ。」

「一週間も？　僕なら耐えられないな。」

龍太郎が首をすくめて見せた。

「でも、龍太郎、イスラームの断食は一ヵ月間も続くんだよ。知ってたか？」

「一ヵ月も？　食いしん坊とかそうじゃないというよりもそれじゃ死んでしまうじゃな

い。」

「まあ、まあ、ちょっと驚かせただけだよ。言う通り、一ヵ月もじゃ確かに死人がでちゃうんで、もっと説明が必要だが、日数だけをとれば間違いなくある月のひと月が断食月と決められているんだ。ところで、これが何月かわかるか?」

「確か九月、ラマダンとか何とか言わなかったかしら。」

これは美津子が答えた。

「その通り。ただ、九月といっても我々が日々使っている暦の中の九月ではなく、ラマダンはイスラームの暦の中の九月なんだな。だから、ちょっとイスラームの暦の話が要《い》るかな。ところで、西暦はどういった出来事をもって西暦の元年としてる?」

「イエスが生まれた年だよね。」

「まあ、これはわかるな。それじゃ、イスラームの暦はどういった出来事をその元年としているか知っているかな。」

「やっぱり、ムハンマドの生まれた年?」

「そう来ると思ったが、西暦とは考え方が違うんだ。ちょっと説明するか。前にも少し話をしたと思うが、誕生間もないイスラームは、当初メッカでは激しい迫害にさらされるんだ。困ったムハンマドは起死回生を期して、メッカの北方約三〇〇キロのところにあるメディナという街に信者もろとも移住する。ところでこの移住は大正解で、この街でムハンマドは布教活動に成功するわけだな。イスラームでは、このメッカからメディナへの移住と、ここでの布教活動の成功こそが後のイスラームの発展の原点と考え、この事実を非常に重要視するんだ。アラビア語では『移住』のことを『ヒジュラ』というんだが、そこでイスラームではこのメッカからメディナへの移住のことをヒジュラと呼び、ある意味で聖なる出来事として捉えている。もしかしたら、キリスト教でイエスの誕生を重く見るのと同じ程度かもしれないな。」

「ということは、このヒジュラの年をイスラーム元年とするの？」

「そうそう。このヒジュラは西暦六二二年七月一六日とされているが、これこそがイスラーム暦、ヒジュラ暦とも言うんだが、これの元年元日ということになるな。」

「とすると、今年は二〇〇一年なんで、ヒジュラ暦で言うと一三七九年にあたるっていうこと？」

「という具合には簡単に行かないんだ。なぜかというと、ヒジュラ暦というのは太陰暦だからなんだ。」

「太陰暦って、月の動きに基づいて作られている暦だよね。」

「そうだな。月はほぼ二九・五日で地球を一周するので、イスラーム暦では大の月が三〇日、小の月が二九日となって、これを六ヵ月ずつに分けているんだ。つまり奇数月が三〇日、偶数月が二九日としているんだ。」

「ということは一年の日数はというと、ええっと苦手な算数だな、三〇日足す二九日で五九日、この組合せが六つだから、ええ、三五四日？　そう三五四日だよね。」

「そう。」

「だけど、僕たちが使っている暦だと、一年が普通は三六五日だから、何もしないと一年に一一日ずつずれていくけど、どうやって日数を調整しているの？」

「いや、調整は全くしないよ。これを完全太陰暦というんだが、ヒジュラ暦はこれで動いているんだ。」

「じゃあ、一一日のずれはそのまま？」

「そう、我々のように四年に一回の閏年もなく、きわめてシンプルな暦だね。」

「ああ、だから、単純に今年がヒジュラ暦の一三七九年ということにはならないのか。」

「好物のスキ焼きを食べただけあって、冴えてるわね。」

美津子が洗い物をする手を緩《ゆる》めず、キッチンの向こうからそう口を挟んだ。

「そう。だからヒジュラ暦でいうと、今年西暦二〇〇一年は、もう少し数字が大きくなるね。えぇっとちょっとしらべようか。……ああわかった、今年はヒジュラ暦の一四二一年と二二年の年に当たるというわけだ。」

「じゃあ、ムスリムは今でもこの暦で生活をしているっていうわけ？」

「もちろん西暦を無視できないところもあるけど、宗教生活上の一切は、この暦に従って生活しているのはいうまでもないことだな。」

「お父さん、ところで断食の話に戻っていい？」

「龍ちゃん、今日はえらく積極的ね。食べ物に関する話となると違うわね。」

「別にそういうことじゃないんだけど。」

少し照れながらも龍太郎は続けた。

「ということは断食月、ラマダンといったっけ、これは九月、奇数月だから三〇日の月になるんだよね。二九日の月じゃなくて、何か一日断食が多くて損したみたいだね。」

「龍太郎、お前らしい発想だな。でも、そんなことを考えるのは神様への冒瀆《ぼうとく》だぞ。」

「ごめんさない。」

このときだけはしおらしくなった。

「じゃ、ちょっと前置きが長すぎたので、それでは断食そのものの話に移るぞ。」

「待ってました。」

「今日は本当にテンションが高いな。お母さんの言う通りすき焼き効果というとこかな。じゃあ、いくぞ。さっきも言ったように、確かに一ヵ月も断食じゃあ死人が出るんで、そこはもう少し説明が必要だな。詳しく言うと、イスラームの一ヵ月の断食には、『日中が』というただし書きがつくんだ。」

「日中というと？」

「日の出から日没までだ。」

「逆に言うと、日没から翌日の日の出までは食べたり、飲み物を飲んだりしてもいいということ？」

「そう。ちょっと順を追って話そう。まず、断食についてコーランではどう記されているか見てみよう。」

ラマダーンの月こそは、人類の導きとして、また導きと（正邪の）識別の明証としてクルアーンが下された月である。それであなたがたの中、この月（家に）いる者は、

この月中、斎戒しなければならない。（2・185）

「ただ、今も話したように、ラマダン月での断食の本当のところというのは、『日の出から日没までが』一切の飲食禁止ということなんだ。これは本当にそうで、唾を飲みこむことすらもいけないとされているくらいなんだよ。」

「これは大変だね。」

「そこで問題はイスラーム暦との関係なんだ。前にも言ったが、イスラーム暦は一年におよそ一一日ずつずれてこれを調整しないので、断食について言うとラマダンがどの季節にも来得るということになるんだ。」

「そうすると、真夏にラマダンが来ることもあるわけだね。そこで日中飲み物を飲んではいけないというのは、まさに地獄じゃない。」

「その表現がまさにぴったりだな。しかもイスラーム圏は、比較的緯度が低いところに広がっているので、夏はかなり厳しいものになるところが多い。龍太郎、お前が言うように、確かに真夏の断食は苛酷なものになるようだ。」

「だけど一つ疑問に思うのは、イスラームではなぜそんな辛い思いまでして、断食をしなくてはならないとされているの？」

「断食の意味についてはいろいろある。まず、飢えという苦しみを味わうことで、改めて食べ物を与えてくれた神に感謝するということが挙げられるだろうね。他には、富んでいる人も貧しい人も同じ苦しみを共有することで、神の下では何人といえどもあくまでも平等であるということを確認するということも大事な点だろうな。」

「ここでも神様があくまでも主人公なんだね。」

「もちろんそうだ。食べ物を絶つというのも、ひとえに神を思い、そして感謝するということのきっかけを与えるためなんだ。ちなみに断食は、イスラームでは『サウム』というんだが、むしろこの言葉の中に断食の本来の意味が込められているような気がするね。」

「というのは？」

「アラビア語のサウムは、難しく言えば『斎戒』という意味に近いかな。斎戒っていうのは、心身を清めることを指すんだが、断食はまさに神を思い心身の浄めのために行われているといってもいいだろうな。」

「ところで、やっぱり断食って苦しいことなのかな。」

「ホントは、そこが一番聞きたいところなのよね。」

と美津子は、からかい半分で龍太郎に言った。

「ああ、苦しいのは確かだね。特に、真夏に水も飲めないというのは本当にそうらしいね。ただ、苦しい一辺倒ではなく、いろいろな感想があるのも事実なんだ。その中で多いのは、お腹が空っぽだと逆に頭がさえて、頭を使う仕事には良いと感じる人もいて、デスクワーカーや、学者の人の中には断食を好ましく思っている人も少なからずいるそうだ。」

「僕なんかは、食いしん坊だし勉強も嫌いだから、断食には絶対向かないな。」

「あなた、自分のことよく分かっているじゃない。」

美津子はやはり茶化すように言い、言葉を継いだ。

「そういえば、定められたラマダン以外でも好んで断食をするケースもあるというのを聞いたことがあるんですが……。」

「あるね。ラマダンでのように義務ではないが、行うのが望ましいとされている日や期間があって、敬虔なムスリムはすすんで断食をしているようだ。ちょっと挙げてみようか。イスラーム暦の一月一〇日、アーシューラーと呼ばれている日がまずそうだね。これは、ムハンマドがユダヤ教で設定されている断食の日にならって設定したと言われているものだ。他には、断食月の翌月だから、第一〇月の二日から七日にかけての期間がそうだね。ラマダンでの断食が終わって一日おいてすぐだけど、流れにのっかってこの期間に断食をする者も意外に多いようだ。あとは、メッカへの巡礼に関連して設定されている断食日だけど、これは巡礼の話のときにでもしようかな。ちなみに、これはイスラーム暦の一二月九日に設定されているものなんだ。」

「いや、本当に僕には絶対にムスリムは務まりそうにないや。」

「ただね、龍太郎、さっきも話したように、同じ一日でも日没から次の日の出までは飲んだり食べたりしても良いわけだから、ここからの話を聞けばちょっと様子が違ってくるんじゃないかな。ちょっとコーランをみてみようか。」

　また白糸と黒糸の見分けられる黎明になるまで食べて飲め。その後は日暮れまで斎戒を全うしなさい。（2・187）

「日没以後をとってみれば、ラマダンの一ヵ月は、ちょっとしたお祭りの期間という感じになるようなんだ。」

「もうここからは、いくら食べたり飲んだりしてもいいわけでしょ？」

「そう。日没後、最初に採る食事のことを『イフタール』というんだが、それまで長い時間お腹の中に何も入れてなかったわけだから、胃にやさしいものから口に運んでいくことが望ましいとされているね。」

「どんなものから食べるのかしら？」

日々料理を作る者としての単純な興味から、美津子が聞いた。

「基本はジュースやスープなんだ。ジュースの場合は、杏、あるいはブドウなどを干したフルーツや、ナツメヤシの実なんかから作られる場合が多いね。これらは別にそのまま食べてもおいしいんだ。スープだと、例えばモロッコなんかでは、ハリラというスープが必ずイフタールには出されるようだ。これは小麦粉でとろみをつけたスープで、その中に野菜、お米、肉などの具が香辛料とともに入れられているんだ。」

「ここから戦闘開始っていう感じになるのかな。ここからなら僕もムスリムになりたいな。」

「不謹慎なことを言わないのよ。」

半ばたしなめ口調で美津子が言った。

「ラマダンでしか食べないような特別な料理も用意されていて、そうした料理に使う肉もふんだんに使われることから、例えばエジプトなんかでは、年間の肉の消費量が一番多いのがこのラマダンだということなんだ。」

「空腹状態から、いきなり豪華なものを食べるとすると、なんか太りそうだわね。」

日頃、体重はやはり気になる美津子はつぶやいた。

「そうだな、だいたいの人は皮肉なことに、この断食期間中に太るというんだ。」

「お正月にわたしの作ったお雑煮とか、おにしめをたくさん食べて太るあなたたちみたいなものね。」

「お母さんの料理はまた特別においしいからね。」

「そんなことを言って、お父さん、ここでお母さんに点を稼《かせ》いでおこうというんじゃないの。」

「あ、いやいや本当にそう思ってるよ。えーと何だっけ？　そうそう、とにかくラマダンの夜は楽しいものだそうで、街はいつもよりライトアップされ、お店も普段より営業時間を延ばしてバーゲンなどを行うところも多いようだ。テレビなんかも特別番組を企画したり、親族、縁者などが相互に訪問し合うことが多いのもこの時期なんだ。そんなわけで、いろんな人が入り混じりながら大人と子どもとを問わず、夜遅くまで楽しく、ときにはしゃぎながら過ごすというのがラマダンの典型的な夜の風景だね。」

「こんな夜だったら大歓迎だな。」

「だけど、日中はそれなりに苦しいのよ。わかってる？　そのことはもう忘れているわね。」

美津子は苦笑した。

「ただ、このラマダンの最後の一〇日間の夜は、聖なる夜に変身するんだ。」

「どういう具合に？」

「うん、実はこの最後の一〇日間のある日、詳しい日付はよく分ってなくて、二七日が有力とされているが、この期間のいずれかの日にムハンマドがコーランを授かったと考えられているんだ。この日を『ライラト・ル・カドル』と呼んでいて、そんなわけでこの夜は一年中で最も聖なる夜とされ、この夜に勤行に励む者は過去の罪をすべて赦されるとされるくらいなんだ。そこでムスリムは、断食最後の一〇日間を毎夜、モスクに参集して祈り明かすということなんだ。」

「ラマダンの夜はいろいろな顔を持つんだね。あ、そこでこれを聞いたらまたからかわれそうなんだけど、日の出前にはやはり食事をとっておくのかな？」

「まあ、お前にとっては一番大事なところだからな。龍太郎ならずとも、食事をとっておかないとそれこそ大変だからな。ムスリムたちはいわば最後の食い貯めとでもいうべき食事をとるんだ。この食事を『スフール』というんだが、寝過ごしてこの食事をとりのがす者もいるようだね。」

「僕だったら絶対に寝過ごしなんかしないな。」

「うちも断食をとりいれましょうか。そしたら、あなたも寝過ごして学校に遅刻するなんてことはなくなるかもね。」

朝、龍太郎を起こすのにいつも手を焼いている美津子はしみじみとそう言って、そして続けた。

「ところで、このラマダンはどうやって終りを迎えるのかしら？」

「ラマダンの翌月だから第一〇月の一日から三日間、『イード・ル・フィトル』という断食明けのお祭りがこれまた盛大に開かれるんだ。初日は日の出から正午までに特別礼拝を行うとされているんだが、その前にザカート、つまり喜捨だな、これを行うことが義務付けられているんだよ。」

「断食が、神の前での平等と、飢えに苦しむ貧しい者の気持ちを共有するというのが趣旨だとすれば、この喜捨を行うというのはなるほどという気がするわね。」

「そうだな、この断食月の明け方は、確かにイスラームの教えからすると理にかなったものだという気がするね。」

「お父さん、ちょっと疑問が残るんだけど、イスラームの教えは困った人や貧しい人にはやさしい教えという感じがするんだけど、病気なんかでどうしても断食できない人も、同じように行わなければならないの？」

「イスラームの考え方がよくわかってきたな。断食を定められた通り行ったから病気がさらに悪化したなんてことになるのは、神の意志にそぐわないことなので、こうした場合は当然、断食は免除されるんだ。」


病気にかかっている者、または旅路にある者は、後の日に、同じ日数を（斎戒する）。アッラーはあなたがたに易きを求め、困難を求めない。（2・185）

「その他、戦争時なんかも断食の対象外となるな。というのも、断食はこれをきっかけに神を思うことに力点が置かれているんで、人や社会が危機にあるときまで断食を強要するのは、本来の姿ではないというところからなんだ。」

「ところで、今回のラマダンはいつから始まるのかな？」

「今年は二〇〇一年だから、ええっと、この表でいくと二〇〇一年一一月一七日から一二月一五日までだね。」

「じゃあ、もう始まっているんだ。」

「そういうことだな。ちょっと窓の外の月をみてごらん。イスラーム暦は陰暦で、ラマダンは新月を確認してから始まるから、ああ、今夜はきれいな満月だな。これでラマダンもようやく折り返し点にきたことになるんだ。」

「じゃあ、この月が再び半月になり、そして新月になったときがラマダンの終りってわけ？」

「そういうことだな。」

「本当に月の満ち欠けと結びついて生活を送っているのね。そういえば、イスラームの国の国旗のデザインに月が多いのも何か関係があるのかしら。」

美津子が言った。

「もちろん。トルコ、パキスタン、アルジェリアなどの国旗に月があしらわれているのは、これがイスラームのシンボルだからだ。」

「私たちはお月見のときか、月食のときくらいしか注意して月をみませんからね。でもこの時期の満月も、空気が冷たく澄みわたっているだけに本当にきれいだわ。何かこれまで月をおろそかにしていたのがもったいないくらい。今日は少しお月見をして寝ることとしましょうよ。」

第七夜

～イスラームのメッカは、メッカです～

「しかし、今の政治家の言葉を聞いてると、何でこんなに横文字を使いたがるのかね。」

夕食後のひとときに、テレビでニュースを見ていた耕造がぽつりとそう言いながら、テレビを切るためにテーブルを立った。

「そのマターについてはペンディングとしたいだって。日本語で、その件については少し見送らせてもらうといえば済む話なのにな。」

テレビを切った耕造はあきれながらそう言い、テーブルに戻ってきた。

「まあ、かっこつけたいだけなんでしょうね。ほら、何となく英語を使うとカッコいいじゃない。」

ふきんでテーブルを拭きながら美津子が言った。

「まあ、それだけ日本がヨーロッパの方を向いているということなんだろうな。」

「逆に、普通の会話の中で使われるアラビア語ってあるのかしら？」

「うーん、そうだな、英語なんかと比べれば確かに極端に少ないな。強いていえば、メッカという言葉くらいなのかな。」

「メッカって、イスラームの聖地のあのメッカだよね。日本語の中で使われるかな？」

「いやいや龍太郎、これはよく使われるよ。聖地とか中心地という意味で、すっかり日本語になってるじゃないか。例えば、高校野球のメッカは甲子園なんていう言い回しを聞いたことないか？」

「ああ、そういう言い方ね。それなら聞いたことがあるよ。でもこのメッカという言葉があのメッカっていうのは初めて気付いたよ。」

「じゃあ、勉強になったわね、龍ちゃん。そうよ、メッカという言葉は、イスラームの聖地、中心地というところから転じて、今や聖地とか中心地という意味で使われているのよ。よく覚えておきなさい。」

美津子は諭《さと》すようにそう言った。

「じゃあ、原宿はぼくたち中学生にとっては、ファッションのメッカなんていう言い方もいいの？」

「まあ、いいんだけど、もっと良い例《たと》えはないのかしらね。」

そう言い残して、美津子は再びキッチンの方へ戻っていった。

「そこで今日は、五行の最後の巡礼の話をしたいと思うんだが、聖地メッカが目指すところだというのは言うまでもないが、どこの国にあるかわかるか？」

「これはわかるよ。今度、僕たちが行くサウジアラビアだよね。」

「そう。これを知らなかったら、サウジに連れて行かないところだったぞ。」

冗談とも、本気ともつかない様子で耕造はそう言った。

「いや、危ないところだった。お父さんなら本当にしかねないもんな。でもね、お父さん、巡礼っていうのは、ムスリムである以上必ず行わなきゃならないんだよね。僕たちみたいにすっごく遠いところに住んでいる人たちは大変なんじゃないの？」

「ただね、これまでの話でわかると思うんだが、アッラーはムスリムの生活をこわしてまでも巡礼をさせようというわけではないんだ。確かに、五行のうちの一つに組み込まれているけど、一生に一度は行くのが望ましいという位で、絶対にいくべしということではないんだ。コーランではこうなってるよ。」

アッラーのために、巡礼［ハッジ］と小巡礼［オムラ］を全うしなさい。……あなたがたの中に病人、または頭（の皮膚）に患いのある者は、斎戒をするか施しをなし、または犠牲を捧げて（頭を剃る）償いとしなさい。（2・196）

「つまり、健康に問題があるとか、巡礼をしたばっかりに生活が困るという人にまで強要することはないんだ。」

「弱者の味方、イスラームってとこかな。」

「龍太郎、いいことを言うじゃないか。ただな、そこはムスリムにとってメッカは聖地。多少の無理を覚悟してでも一度はメッカに、というのが本音だね。」

「でも、巡礼にもやっぱり細かな取り決めがありそうだね。」

「じゃあ、そこらあたりを話そうかな。巡礼をアラビア語では『ハッジ』というんだが、このハッジが正式な巡礼で、これには巡礼を行う期間だとか、どういう儀礼を行うかなどの細かな取り決めがあるんだ。」

「期間は？」

「コーランには具体的な期間は記されていないが、こうある。」

巡礼（の時期）は周知の数月である。（2・197）

定められた数日間、アッラーを念じなさい。（2・203）

「詳しくは、毎年イスラーム暦一二月の八、九、一〇の三日間が、正式な巡礼の期間として定められているんだ。」

「じゃ、だいたいラマダンの三ヵ月後くらいだね。でもこの期間、世界中のムスリムがメッカに集まるわけだから、メッカは大混雑じゃないの？」

「この巡礼には毎回、二〇〇万人近い人々が集まるということだから、この期間メッカとその周辺は聖地を目指す人の群れで大変な賑わいを見せることになるな。最近でこそ、旅行会社がツアーなんかを設けていて、巡礼そのものも多少は楽になったようだが、その昔はそれこそ命懸けの行程だったんで、巡礼はまさに、メッカにとってもムスリムにとっても、文字通りの一大イベントだと言えるだろうな。」

「儀礼については、どういった取り決めがあるの？」

「ああ、まず巡礼の第一歩は、イフラームという縫い目のない二枚の白い布に着替えることから始まるといっても良いだろう。」

「じゃあ、二〇〇万人近い人が全員、このいでたちで巡礼を行うの？」

「そうだね。もちろんこれには理由がある。ここまで話をしてきたらもうわかるだろ。」

「やっぱり、神の前では誰もが平等であるということかな。」

「そうそう。そのことを強く実感させるためにこそ、皆が同じ服装をするということなんだ。」

「白い色というのも何か、人々の心を清らかにさせそうね。」

美津子が言った。

「確かに厳かな気分になるそうだね。そしてこのイフラームに着替えてまずするのが、カーバ神殿の周りを回ることなんだ。」

「カーバ神殿って、教科書の写真でしかみたことがないけど、あの黒い幕に覆われた？」

「そう。実は、ムハンマドが現れるずっと以前からメッカにあった神殿なんだ。面白いのは、信仰上この神殿はアブラハムとその子イシマエルが建てたと信じられているところなんだ。」

「アブラハムって、旧約に出てくるあのアブラハム？」

「そう。」

「何でこんなところに出てくるの？」

「うん、説明が長くなるので、これについてはまた改めて話そうと思っているんだが、コーランにはこうあるんだ。」


それからイブラーヒームとイスマーイールが、その家の礎を定めた時のこと。（その

時二人は言った。）「主よ、わたしたちから（この奉仕を）受け入れて下さい。……。」（２・１２７）

またイブラーヒームとイスマーイールに命じた。「あなたがたはこれをタワーフ（回巡）し、イアテカーフ（御籠り）し、またルクーウ（立礼）し、サジダする者たちのために、わが家を清めなさい。」（２・１２５）

「カーバ神殿の東南角には、アブラハムがカーバ神殿を建てるときに礎石としたと信じられている黒石が埋め込まれていたり、そのすぐ東の傍《かたわ》らには『アブラハムの立ち処』という場所もあり、そこにはアブラハムが刻んだと信じられている足型も保存されてるんだ。とにかくアブラハムは、イスラームの中でも重要な存在なんだよ。あ、ところでどこまで話したっけ。」

「え〜と、カーバ神殿の周りを回るということだったけど。」

「あ、そうそうごめん。そうだったな。そのカーバ神殿を廻る儀礼を『タワーフ』と言い、反時計回りに七回廻るんだ。」

「反時計廻りってなんか理由があるの？」

「これにもいろいろな言い伝えがあるんだが、一説には、神様の怒りを買って楽園を追われたアダム以来、人類は時の流れとともに堕落してきたという考えにたって、時計と反対に廻ることで、その時を取り戻そうというところから出てきたとも言われているね。ちなみに七回という数は、七層からなるとされる天を指し示したものと考えられているんだ。」

「カーバ神殿を廻ることが、アダムが楽園を追われたことと関係するというのは、面白いわね。イスラームが何か身近に感じられるわ。」

美津子の率直な感想だった。

「そう思ってくれると話もしやすいな。このタワーフを終えると次が、『サアイ』という儀礼になる。これはカーバ神殿の東、そうだな二、三〇〇メートルってとこかな、そこにサファーとマルワという二つの丘が、四〇〇メートルほどの距離を隔ててあるんだが、この二つの丘をやはり七回、行ったり来たりするというものなんだ。行ったり来たりだから、正確には三往復半ということになるね。」

「これにはどんないわれがあるの？」

「この儀礼にもアブラハムが関わっているんだ。アブラハムの子がイシマエルという話をしたが、この子の母親がハガルという女性なんだ。」

「ハガルって名は旧約聖書に出てきますよね。ただ、この女性はアブラハム家の召使ではなかったかしら。」

美津子が少し不思議そうに言った。

「確かにそうだな。旧約によるとアブラハムの正妻はサラという女性で、ハガルは召使ということになっている。しかし、サラとの間にはなかなか子供が産まれなかったので、当時の慣習に基づき、しかもサラの許しを得てハガルとの間にもうけた子がイシマエルというわけなんだ。」

「ああ、そうだったわね。少し思い出したわ。その後、サラとの間にも子供ができて、その子の名が確かイサクじゃなかったかしら。ただ、そういうことでハガルとイシマエルは、荒野に追われるはめになったんですよね。」

「旧約ではそうだね。ただ、イスラームの伝承では、この両者はそうマイナスイメージで捉えられてはなくて、ハガルがアブラハムの妻とされているなどしてるがね。ええっと、何の話だっけ。」

「サアイっていうんだっけ。」

「あ、そうそうサアイのいわれだったな。イスラームの伝承では、アブラハムがハガルとイシマエルを連れてメッカに来たことになっている。その後、アブラハムだけがアッラーの命でこの地を離れたときのことだ。ある日、幼いイシマエルがのどの渇きを訴えて泣きわめくんだが、いかんせん近くには水がない。そこでハガルが水を探し求めてサファーとマルワの丘の間を行ったり来たりするんだが、その甲斐なく水はみつからなかったんだ。そうして力なくわが子の元に戻ってみると、その傍《そば》からこんこんと泉が涌き出ていたというんだ。その泉は今、ザムザムの泉としてカーバ神殿の傍らにあるんだよ。この泉の水は今や、巡礼者のまたとないお土産ということで非常に喜ばれるみたいだね。というわけでサアイという儀礼は、このハガルの苦労を追体験しようというところから来てるんだ。」

「同じ母親として、ハガルのその時の気持ちはよくわかるわ。龍ちゃん、親の子への想いってこういうものなのよ。」

「わかってますよ。でも何か恩に着せられているみたいでプレッシャーがかかるな。」

龍太郎は、突然、自分に話がふられたこともあって、少し狼狽しながらそう言った。

「二人の話はもういいか～。じゃあ続けるよ。これまで話したタワーフとサアイという二つの儀礼をイスラーム暦の一二月七日までにすまして、次のこれまた重要な儀礼に移るというわけだ。」

「まだ、あるの。多分すごい人ごみの中で二つの儀礼を行うんだろうから、これだけでも大変そうなのにね。」

「どの儀礼も大事なんだけども、むしろこれからが本番という感じじゃないかな。次の儀礼のためにムスリムは、カーバ神殿から東南、約二〇数キロのところにあるアラファートというところを目指して八日の朝から、徒歩かラクダなんかにまたがって移動を始めるんだ。今はツアー会社がチャーターしたバスなんかで移動する人もいるようだけどね。」

「二〇キロというと、巡礼が夏に巡ってきたりすると大変だね。」

「確かに大変だな。ただ、一気にアラファート入りするわけではなく、途中、ミナというところで一夜を過ごすことになるんだ。というわけでこのミナの地はちょっとしたテント村と化すことになるんだ。」

「なんか、迷子がたくさん出そうだね。」

「そこを心配するのが龍太郎らしいな。お前みたいなおっちょこちょいは、すぐ迷子になってしまうぞ。ただ、実際迷子やはぐれる人が毎年多数出るというので、それぞれのテントは目立つように自分の国の国旗をかかげたり、それぞれ工夫をこらしているようだな。」

「ここで一夜を過ごすということは、アラファートに向かって再び動き始めるのは、九日の朝だよね。」

「そう。アラファートに着くと、そこにあるラフマ山、慈悲の山という意味だそうだが、この山で正午から日没まで、ずっと立ったままコーランを読みつつ一心にアッラーを念じる『ウクーフ』という儀礼を行うんだ。」

「この儀礼にも当然いわれはあるんだよね。」

「この儀礼は、聖書でお馴染《なじ》みの失楽園の物語と関連があるんだ。失楽園の物語は龍太郎も知っているだろう。」

「ああ、何となくね。」

「何となくじゃだめよ、龍ちゃん。こういう話よ。エデンの園にいたアダムとイブはね、神様から園の中にあるどの木の実でも食べて良いと言われていたんだけど、ただ、園の中央に生えている木の実だけは食べていけないときつく命じられていたの。ところがある時、その神様の戒めに反して善悪を知る木の実を食べてしまうのね。そのことを怒った神様が、エデンの園からこの二人を追い出したと。これが失楽園の物語として知られているお話なのよ。」

「龍太郎、わかったかな。その後、放浪したアダムとイブが再び出会ったのがこのラフマ山というわけなんだ。そこでイスラームではこの故事から、世界に散らばっているムスリムたちが再びここに集まって、アッラーの元に心を一つにする場こそがラフマ山だという意味づけをしているようだね。心を一つにするというと、巡礼をしていない人たちも巡礼者と巡礼をわかち合うという目的で、この日、だから一二月九日だな、この日は巡礼者以外は、断食の日に充《あ》てられているくらいなんだ。」

「断食の話のときに、後で話すといったのがこの日に行われる断食ということになるの？」

「そういうことになるな。」

「だけど、ラフマ山での儀礼もアダムとイブに関わるというのは、本当にイスラームは聖書と深いつながりがあるんだね。」

「ここがイスラームの面白いところだな。さあ、話をすすめようか。ウクーフの儀礼を終えると、アラファートを発ってメッカの方へと引き返すんだ。」

「ええっと、九日の夕方くらいになるのかな。」

「そう、日没後だね。目指す場所はさっき出てきたミナというところだが、その途中にあるムズダリファというところで、その日は泊まることになるんだ。そして、ここで次の儀礼に備えて石を数十個拾って置くんだな。」

「石を？」

「そう、石だ。そして夜が明けると、ムズダリファを発ってミナを目指すんだが、ここでこの石が必要となってくるんだ。」

「何か積み上げるのかな？」

「積み上げるというのは結果的に形として何かを表すことになるので、偶像崇拝を禁じるイスラームにはちょっとなじまないな。」

「じゃあ、何に使うの？」

「実はミナでは、石を投げる儀礼を行うんだ。ミナには三つの石柱が、ほぼ一〇〇メートル間隔で立っているんだが、そのうちアカバの石柱と呼ばれる最も西にある石柱に向かって、石を七個投げるというわけだ。」

「このいわれもアブラハムに関することなのかな。」

「そうだな。その子供だから、……。」

「イシマエル？」

「そう、イシマエルだ。この付近で神の命にそむくようにとそそのかした悪魔を、石を投げることで撃退したという故事にちなんでいるんだ。石柱は悪魔の象徴というわけだね。」

「悪魔を退治したから、これで巡礼も終わるのかな。日も一〇日だから巡礼の最後の日だし。」

「龍太郎、あせらないあせらない。あと一つ重要な儀礼を終えて定められた儀礼は完了というわけだ。この儀礼が犠牲祭、イスラームでは『イード・ル・アドハー』と呼ばれているね。」

「『イード・ル』何々って、この前にもでてきたね。確か。」

「イード・ル・フィトルのことだろ。断食月明けのお祭りのことだったね。でも良く覚えていたな。龍太郎にしては大したもんだ。実はな、この二つがイスラームの二大祭として位置づけられているんだ。」

「どんなお祭？」

「羊や山羊、あるいはラクダなんかを屠《ほふ》るというものだ。」

「ほふる？」

「そうか、屠るという言葉はあまり馴染みがないかもしれないね。簡単にいうと動物を殺して神への捧げとすることを屠るっていうんだ。その肉は巡礼者の食として供されるか、多くは冷凍保存されて、貧しいムスリムの手に渡るようになっているんだ。」

「ここでも貧しい人たちへの配慮は忘れないんだね。この祭のいわれも、やっぱりアブラハムにあるのかな。」

「この儀礼は、まさにアブラハムそのものに関わっているんだ。あるときアブラハムは、アッラーにその子イシマエルを自分に捧げるようにという命を受けるんだ。捧げるといってもそんな生やさしいことではないんだよ。つまり自らの手で子を殺して差し出しなさいというすごいことを意味しているんだ。」

「で、アブラハムはどうしたの。まさかその通りにしたとか。」

「そのまさかなんだ。アブラハムは他ならぬ神の命令だからと、いよいよ自分の手でわが子を、……とするんだが、そのまさに瞬間、アッラーからストップがかかるんだ。」

「ストップをかけるくらいなら、アッラーはなぜそんなことを言ったのかな。」

「アブラハムがどこまで神に忠実かを試すために、こうした究極の命令を出したんだ。もちろんイシマエルを捧げよということが本当の目的ではないんだ。だから、迷わずにこの命令を実行しようとしたことで、神はアブラハムの信仰の確かさを確認できたので、すんでのところでストップをかけたというわけなんだ。」

「この話は、旧約では子がイシマエルではなくてイサクになってるわね。」

美津子が言った。

「そうそう。旧約では『イサク献祭』として知られる有名なお話なんだ。ただ、さっきも話したように、イスラームでは正式な妻子はハガルであり、イシマエルの方なので、旧約ではイサクとなっている話が、ここではイシマエルということになっているというわけだね。」

「いや、だけど本当にイスラームはアブラハムと深く関わってるんだね。ちょっとびっくりだな。で、この犠牲祭で巡礼は終りということだったっけ？」

「正式なところではそうだ。その後一三日までは自由行動期間として、めいめいいろんなことをしながら過ごすことになるね。再びメッカへ行って、カーバ神殿を巡る儀礼を行ったり、ミナで残る二つの石柱に石投げをしたり、あるいはこの犠牲祭は一三日まで行われるから、ここに留まってそこで行われる饗宴を楽しんだりというわけだ。」

「なんか細かな取り決めがあって巡礼も本当に大変そうだから、最後くらいは自由行動期間があってもいいよね。といっても、お遊びではないんだろうけども。」

「たしかに大変な行程であることには違いがないようだな。だから巡礼を終えた者は、男だったら『ハッジ』、女性だったら『ハッジャ』という称号が与えられて、それぞれの国に帰ったあとは尊敬の念で迎えられるんだ。だからこそ少々の犠牲を冒してでも、メッカへという気持ちになるんだろうね。」

「そういえば、ムハンマドそのものをしのぶ儀礼がなかったわね。」

美津子が、少し不思議そうに尋ねた。

「確かにね。我々の感覚からするとムハンマドのお墓詣でというのが巡礼の儀礼にありそうな感じがするんだけどね。これもムハンマドはあくまでも人間で、信仰の対象にしてはいけないというところから来ているんだろうな。ただ、ムハンマドのお墓はメディナにあるんだけど、せっかくメッカにまで来たんだからと、巡礼者の多くは巡礼期間の前後にお墓を詣《もう》でるということなんだ。」

「崇拝するのはアッラーだけというのがここでも貫かれているのね。」

「お母さんの言う通りだね。何と言ってもアッラーが絶対者だからね。」

「うちでは、お母さんが絶対者という気がするけどね。」

「何だ、このおれじゃないのかよ。」

「龍ちゃんの人間観察も捨てたものじゃないわね。まあお父さん、いいじゃない。その方が家庭はうまく行くっていうから。しかも妻のことはカミさんなんていうでしょ。まさに神様なのよ。」

「何だかうまく丸め込まれているような気がするな。まあ、いいか。ええっと、この巡礼で五行の話が全部終わったということになるんだ。ただね、その他にも重要な戒律とか、日本人には誤って理解されている戒律なんかもあるんで、明日からはその話をしていこうと思ってるんだ。」

第八夜

～食べ物のいろんなタブーも、神様の愛ゆえなんです～

「いやぁ、それにしても今日の豚の角煮はうまかったな。」

耕造は衷心からそういった。

「ホントおいしかったよ、お母さん。」

龍太郎も耕造に続いてそういった。

「あなたがたにほめてもらうなんて気味がわるいわね。何かたくらんでいるんじゃないの。」

照れ隠しもあって美津子はそう答えた。

「いやほんと、今日のは掛け値なしにおいしかったよ。」

本当だけに耕造は、同じ感想を繰り返した。

「それにしても、ムスリムは豚肉がご法度の上に、多分、味付けにはみりんも使っているんだろ?」

「そうね。」

「このみりんも口にしてはいけないから、豚の角煮は食べられないことになるんだよ。」

「みりんもだめなの？　僕たち日本人には食べてはいけない物ってないからね。」

「そういうけど龍太郎ね、実は日本にも一昔前までは、食べてはいけないとされるものがあったんだ。」

「そういえば、確か江戸時代は、肉を食べてはいけなかったんでしょ？」

今さっき褒《ほ》められたばかりということもあり、上機嫌で美津子は答えた。

「江戸時代といわず、もっと前から動物の肉を食べることを嫌う雰囲気があったようだな。天武天皇の時代というから、六百年代の終りの方だね、このときにお触れが出て牛、馬、鳥などの肉を食べることが禁じられたというんだ。ただ、なぜか豚はこの中には入っていないとか、やがて鶏は食べて良いとかなるんだけど、いずれにしても何となく雰囲気としてそれ以後、肉食を嫌う風潮が江戸時代まで続いていくことになるね。」

「そういうことだから、肉を食べるときは何かにかこつけてこそこそという感じで食べてきたんでしょ？」

美津子が言った。

「そうそう。平安時代の貴族たちは、狩のことを『薬草とり』などといって、猟をしてはいろんな動物の肉を食べたりしていたようだね。」

「確か江戸時代に入ってからのことでしたか、四足動物を食べることが嫌われた中で、いのししは『山クジラ』と称して四足ではないことにして食べたり、ウサギは一羽、二羽と呼んで、鳥で二本足だから食べて良いなんてことにしてたんですよね。」

今日の美津子は饒舌であった。

「お母さん、よく知ってるな。いや、これもお世辞じゃないよ。そうそう、そんなわけで日本も、以前は何となく食べ物に対するタブーがあって、まあそれがなくなったのが、ようやく明治に入ってのことだからな。だからこそ牛の肉を食べることが文明開化の象徴とされたんだ。」

「日本にもそんな時代があったなんて、知らなかったな。」

「ただ、日本の場合は何となく雰囲気として肉食を避けるということだったんだが、イスラームの場合は、戒律として食べてはいけないものがしっかりと規定されているんだ。しかも日本のかつてみたいに、何かにかこつけてこっそりと食べるなんてことはない。そこの違いが大きいところだね。」

「イスラームでは、豚肉はだめだということだったよね。」

「これは絶対にご法度だ。」

「豚肉ということは、たしかハムは豚肉から作られているんだよね。これはどうなの？」

「もちろんだめだ。ハムどころか、最近、このことをめぐってちょっとした事件があったばかりじゃないか。」

「そんなのあったっけ？」

「いやぁね、龍ちゃん。そんなことも知らなかったの。お父さんはインドネシアの事件のことを言いたかったんでしょ。調味料を作っている会社が、調味料のうまみ成分に豚の酵素を使ったというので、社長以下、現地社員が逮捕されたという事件でしたよね。」

「ああ、この事件はマレーシアまで波及したんだ。とにかく豚肉を食べてはいけないという教えがここまで徹底されているんだ。これに関してちょっとコーランを見てみようか。」

あなたがたに禁じられたものは、死肉、（流れる）血、豚肉、アッラー以外の名を唱え（殺され）たもの、絞め殺されたもの、打ち殺されたもの、墜死したもの、角で突き殺されたもの、野獣が食い残したもの、（ただしこの種のものでも）あなたがたがその止めを刺したものは別である。また石壇に犠牲とされたもの、くじで分配されたものである。これらは忌まわしいものである。（５・３）

「豚肉以外にも、食べてはいけないものがあるんだね。」

「そうなんだよ。イスラームでは、禁止されるべき行為を『ハラーム』といって、殺人や傷害はもちろんのこと、詐欺、人を中傷すること、さらには婚姻関係にない男女が関係をもつことなどが厳しく禁じられているんだ。その中にこうした食事に関するタブーがあるんだ。」

「ハラームから思いついたんですけど、宮廷の中で女性たちが居る場所のことを『ハーレム』と言いますよね。これもハラームという言葉と何か関係があるの？」

美津子が尋ねた。

「日本や欧米では、節操なく男性が女性たちと戯れることを『ハーレム状態』などといって、良からぬ意味で使ったりするが、そもそもハーレムは、『禁じられた場所』というほどの意味で、そこから転じて宮廷ばかりではなく、一般の邸宅でも女性たちがいる場のことを指すようになったんだ。もちろん、禁止を意味するハラームという言葉とは関係があるんだ。ちょっと話のついでに、こんなことも知っておいたら良いと思う話を一つ。メッカのカーバ神殿のあるモスクは、『マスジド・アル・ハラーム』というんだ。マスジドはモスクと同じ意味だけど、ここでハラームという言葉が出てくるね。ハラームは禁止という意味から、そこではイスラームで禁止されている行為を行ってはいけない場所を指し、だから『聖域』というほどの意味になる。そういうわけでこのカーバ神殿があるモスクのことを単に『ハラム』といったりもするんだね。」

「ハーレムという言葉は、僕も聞いたことはあるけども、ハラームという言葉と関係があるんだ。そこでちょっと質問なんだけど、そもそもどうしてイスラームでは豚肉を食べることが禁止されているの？」

「ある動物の肉を食べないという理由には様々あるけど、例えば、その動物が神聖だから食べないというものと、逆にけがれているというか、不浄だから食べないという理由があると思うが、有名なところでは、インドのヒンズー教では牛を食べてはいけないことになっているが、これはどうしてかわかるか？」

「えーと、この場合は、確か牛を神聖な動物と考えているからだよね。」

「そう。逆にイスラームで豚肉を食べてはいけないというのは、豚を不浄な動物だと考えているからなんだ。」

「豚肉が不浄というのはどういうこと？」

「うん、ちょっとこんな文章を持ってきたんだが、これはあるマレーシア大学の教授、もちろんムスリムだね、その人が書いた文章なんだが、なぜ豚肉を食べないかが記されてあるんだ。これを要約すると、おおよそ今から言う点に絞られるね。まずは豚はとにかく腐ったものでも、自分の排泄物でも何でも食べるんで、その結果、病原菌を体内にため込み、伝染病の温床となっているというんだ。だから健康上良くないというんだな。もう一つは、豚は見境なく交尾する動物なんで、こういう動物の肉を食べた人間の性的道徳まで退廃させるというんだ。」

「たしかに、牛さしや鳥さしや馬さしはあっても、豚さしというものはないものね。私も豚肉を扱うときは、完全に火を通しているかどうかに注意を払うくらいですからね。」

主婦ならではの言葉であった。

「ところでな、豚肉を食べない文化や宗教は他にもあるんだが、ユダヤ教も豚肉を食べないものとして有名だな。」

「ユダヤ教ではどういった理由で豚肉が禁じられているの？」

「ユダヤ教ではひずめが完璧に分かれていて、しかも反芻《はんすう》する動物しか食べてはいけないことになっている。あ、反芻といってもわからないか。反芻っていうのは胃袋がいくつかの部屋に分かれていて、それらの部屋と口とを行きつ戻りつしながら消化していくことだね。これでいうと豚はひずめが分かれているけども、反芻しない動物なんで、食べてはいけないということになるんだ。逆にらくだは、反芻するけどひずめが分かれていないんで、食べてはだめということになる。ちなみにイスラームでらくだは、この前話した巡礼の祭の犠牲祭のときに屠る動物がらくだだとなお良いというほどなんで、らくだは食べて良いことになっているね。」

「じゃあ、逆にユダヤ教で食べて良い肉はどんなもの？」

「代表的なのが牛や羊だね。これはひずめが分かれていてしかも反芻するから良いというわけだ。ついでだけどユダヤ教には他にも食べてはいけないものがたくさんあって、例えば水中動物にも食べて良い、悪いのきまりがあるんだ。これに関しては、ひれとうろこが二つとも備わっているものしか食べてはいけないんで、まあ本当に魚というものしか食べてはいけないことになるな。だから、タコ、イカ、エビ、ウナギ、カニ、貝類などは食べてはいけないので、我々日本人からすると、寿司ねたの良いところの多くは食べられなくなるので、ちょっと残念な気もするね。」

「ユダヤ教も食べ物に関してはすごいきまりがあるんだね。それにしても豚は人気がないね。ところでキリスト教はどうなの？　おばあちゃんの生活を見ていると、なさそうな気もするんだけど。」

龍太郎の大好きなおばあちゃんは、クリスチャンである。

「お前の言う通り、おばあちゃんを見てればよくわかるよな。キリスト教にはそういうタブーはないけど、ユダヤ教の伝統を受け継ぐ宗教なんで、一方で豚を食べながら、他方では豚をけがらわしく思うという雰囲気は残ったようだな。だから今でも豚の英語『pork』とそれから派生した単語の多くが良からぬ意味とか、あるいは卑猥な隠語となっているよな。」

「そういえば、豚という漢字を使った熟語にも、あまり良い意味で使われないものが多いんじゃない？『豚犬』って愚かで役に立たないことを言うし、『豚児』だって、自分の子どものことをへりくだって指す言葉だけども、本来は愚かな子というほどの意味ですからね。」

美津子が言った。

「じゃあ、僕は豚児っていうことになるね。」

「あなたは本当の意味で、そうかもしれないわね。」

美津子は笑って言った。

「こうした言葉は中国が起源なんだろうけども、中国は世界最大の豚食文化のうちの一つのはずなのに、こんな言葉があるというのは、確かに面白いところではあるな。あ、ちょっといろんなところに話が飛んでしまったが、豚がイスラームなんかでタブーとされる背景には、さっきのムスリム自身が言っている理由の他に、こんなことも指摘されることがあるね。豚は行動が遅い動物なので、羊や馬や牛のように遊牧には適さず、次第に定住民である農耕の民の家畜となってしまったと。それで農耕の民を見下す遊牧の民が、農耕の民の家畜である豚を忌み嫌うようになったというわけだ。ユダヤの民もアラブの民も遊牧系だから、そういう意味で豚を嫌うようになったということも言えるかもしれないね。」

「豚を食べてはいけないという理由には、いろいろと深い理由があるんだね。ところで、豚以外にもイスラームでは食べてはいけないものがあるの？」

「やっぱり、代表的なところではお酒を飲んではいけないということになるかな。これもコーランを見てみようか。」


あなたがた信仰する者よ、誠に酒と賭矢、偶像と占い矢は、忌み嫌われる悪魔の業である。これを避けなさい。恐らくあなたがたは成功するであろう。

悪魔の望むところは、酒と賭矢によってあなたがたの間に、敵意と憎悪を起こさせ、あなたがたがアッラーを念じ礼拝を捧げるのを妨げようとすることである。（5・90〜91）

「お酒が禁じられている理由はというと、日本でもお酒の弊害が言われるときに挙げられる理由と同じだろう。つまり身体的には、肝臓をはじめとして臓器のことを考えれば飲まないことにこしたことはないし、精神的にも道徳的な退廃を生み出す元でもあるからな。」

「お酒っていうけども、お酒はどんなものもいけないの？」

「お酒どころか、アルコールが含まれている一切の飲食物がだめだということなんだよ。ちなみに、ここに名古屋イスラーム協会が出している『ハラール食品リスト』があるが、ハラールというのは、今話したハラームの対義語で、『許された』というほどの意味になるんだ。だからハラール食品とは食べて良い食品の意味で、逆にこのリストには食べてはいけない食品も載せられているんだ。これによると、ビスケットとかクッキーのうち、半生タイプのものは、防腐目的で焼き上げた後に洋酒がスプレーされているから注意が必要だとか、みりんは製品によっては一度から三度のアルコールが含まれているので、やはり注意が必要なんてことが書いてあるんだ。」

「あ、それでみりんはだめだったんだね。」

「ちょっと見せて下さる。」

日頃、料理をする身として、如何にも興味あるという風に美津子は言った。

「あ、これはすごいわね、ありとあらゆる食品についてメーカー別に商品名まで載せて成分を分析しているのね。」

「ところで、さっき話した豚肉をはじめとした肉類についてはどうなっている？」

耕造が、美津子に尋ねた。

「そうね……、これによると、ファーストフードのチキンやビーフも、定められた殺法によらないのでこれらの肉を使った商品はだめとなっていますが、牛や鳥も殺す方法によって食べてはいけない場合があるんですね。」

「さっきも見たように、コーランでは絞め殺されたものや、打ち殺されたものは食べてはいけないというのがあったが、だからイスラームでいう正しい殺し方というのは、頸動脈を一刀の下にかき切る方法ということになるんだ。」

「ファーストフードについていうと、あるメーカーの魚やポテトやパイは、豚肉と一緒の油で揚げているからだめということですね。」

「だから、敬虔なムスリムは、レストランでも豚肉を扱っているレストランには入らないというほどだからな。」

「後は、ラードもだめなんですね。確かにあれは豚肉の脂ですものね。これでいうと、ある二社が発売しているベビー用の粉ミルクは、このラードが入っているからだめとなっていますね。」

「ベビー用粉ミルクとは、僕も知らなかったな。」

「他には、ええっと、インスタント麺も、ほとんどの場合、特に豚の肉エキスが入っているから注意ということですね。でもこれだけ厳しいとは本当に驚きね。」

「一口に豚とお酒といっても、ここまで徹底されているので、逆にこういったリストが必要となってくる訳なんだね。」

「ところでお父さん、ちょっとお酒の話に戻っていいかな。ユダヤ教やキリスト教もお酒には厳しいの？」

「いや特に規定はないな。それどころか、二つの宗教とも、重要なお祭や儀礼の際にはむしろ必要欠くべからざるものとしてお酒、この場合はワインだね、これがつきものというくらいだから。例えばユダヤ教では、ユダヤの民がモーセに率いられてエジプトを脱出する際の苦難をしのぶ、過越祭を祝う際にワインは欠かせないし、キリスト教でもミサでは、パンはイエスの体、そしてワインはその血の象徴として用いられるわけだからね。」

「そうか。ただ、イスラームは食べ物でもなんでも本当にきまりごとが多いんだけど、それなのによくこれだけ世界宗教として広まったね。」

「まあ、そうしたものを越えて人々に訴えるだけの明快な教えを持っているからなんだろうな。ただ、あくまで歴史的なエピソードなんだけど、特にこのお酒がネックになってイスラームを採り入れることを断念したという大国があるんだ。」

「どこの国？」

「ロシアだ。話は十世紀にさかのぼるんだが、当時キエフ公国というロシアの前身の国があった。ところで、この新興国は国を飾るにふさわしい世界的宗教が欲しくなった。そこで目をつけたのがイスラーム教、そしてキリスト教のうちローマを総本山とするカトリックと、コンスタンチノープルを総本山とする東方正教会の三つだったんだ。早速《さっそく》、当時の王様であるウラジーミルが三方に使者を派遣して教義を検討させたところ、最も感銘を受けたのがイスラームだったというんだ。ところが、この宗教は戒律が厳しさを極める。特にお酒はだめというのがこたえたようだね。何しろロシアは寒いところだから、身体を温めてくれるお酒はある意味で必需品なんだ。というわけで、イスラーム教に最も感服しながらも、お酒がネックになってイスラームを断念。結果、東方正教会を選択したというわけだ。」

「でも、ロシアがイスラームを選択していたら、世界情勢は随分《ずいぶん》変わったでしょうね。」

美津子が言った。

「確かに、それは間違いないだろうな。ところで面白いのはね、現世ではここまでお酒を禁じていながら、コーランによると、天国ではお酒は飲み放題だということなんだ。」

（信仰の）先頭に立つ者は、（楽園においても）先頭に立ち、
これらの者（先頭に立つ者）は、（アッラーの）側近にはべり、
至福の楽園の中に（住む）。……。
永遠の（若さを保つ）少年たちがかれらの間を巡り、
（手に手に）高杯や（輝く）水差し、汲立の飲物盃（を捧げる）。
かれらは、それで後の障を残さず、泥酔することもない。
また果実は、かれらの選ぶに任せ、

種々の鳥の肉は、かれらの好みのまま。

大きい輝くまなざしの、美しい乙女は、
丁度秘蔵の真珠のよう。

（これらは）かれらの行いに対する報奨である。

そこでは、無益な言葉や、罪作りな話も聞くことはない。

只、「平安あれ、平安あれ。」と言う（のを耳にする）だけである。（56・10～12、17～26）

「ちなみに、地獄はこれでもかこれでもかと火で攻められる灼熱地獄なんだ。」

本当にわれは、火を不義者のために準備している。その（煙と炎の）覆いは、かれらを取り囲む。もしかれらが（苦痛の）軽減を求めて叫べば、かれらの顔を焼く、溶けた黄銅のような水が与えられよう。何と悪い飲物、何と悪い臥所であることよ。（18・29）

「本当に天国と地獄とでは大違いなんだね。」

「アッラーが本当に素晴らしい天国を用意してくれたので、現世でのこの短い間を頑張れば素晴らしいところが約束されているという点も、戒律がよく守られる理由としては無視できないところもあるだろうな。」

「吉田家にも素晴らしい天国を設けましょうか。せめて少し勉強を頑張れば、素晴らしいプレゼントとご馳走が用意されているなんていう。そうでもしないと、龍ちゃんは勉強しないでしょう。」

「あ、それいいな、プレゼントは、今度新しく発売されるプレステと、ごちそうはっと何がいいかな……。やっぱりステーキだな。これを死ぬほどっていうのはどう？」

「そういうのは、あなたからリクエストする筋合いじゃないでしょ、その言葉でお母さんの気も変わったわ。はい却下。」

「そうそう龍太郎、勉強に王道なし。地道にやることだな。」

「あ～あ、せっかくいい話だったのにな。」

そう言って、龍太郎はとぼとぼと自分の部屋へ向かうのだった。

第九夜

～世にムスリムほど、正直な者はいない～

「今日、学校の音楽の時間に『月の砂漠』っていう曲を習ったんだけど、……。」

龍太郎も、すっかり吉田家のこの企画を楽しんでいる様子で、この日は自分からこう切り出した。

「ほら、今、毎晩イスラームのお話をしているでしょ。月っていうのはイスラームのシンボルということだったし、砂漠も何となくイスラームっていう感じがするじゃない。授業ではこの曲についての説明がなかったんで、勝手にイスラームをイメージして、この曲を聞いてたんだけど、やっぱりこの曲は、イスラームをイメージして作られたのかな？　お父さん。」

「お父さんってか。うーんオレにふられても、これはわからないな。お母さん、これはどうだったけな。これはお母さんに任せるよ。」

少しバツが悪そうに、頭をかきながら耕造が言った。

「音楽のことは任せてくださいましよ。」

キッチンの向こうで、洗い物をする手をやはりゆるめず、少しふざけた口調で美津子はそう言った。

「それにしても、龍ちゃんもすっかりイスラームにはまっているのね。でも、あなたの夢をこわすようで悪いんだけど、曲の成り立ちからすると、イスラームとは関係ないのよね。

作詞は大正時代の詩人の加藤まさをっていう人で、この人が若い時分に、病気療養で訪れたことがある千葉県の御宿というところの海岸をイメージして作ったらしいのよ。それに佐々木すぐるっていう人が曲をつけたというわけ。ただ、曲を作るとき、多少はアラブとかイスラームのイメージはあったかも知れないけど、基本的には関係ないようなのよね。」

「なーんだ、そうだったのか。」

少し沈んだ声で龍太郎が言った。

「オレもその話は初めて聞いたな。勉強になったよ。」

「そうざんしょ。」

と少し照れながらも、おどけた口調で美津子は答えた。

「でもな、龍太郎ならずとも、イスラームと言えばアラブ世界の砂漠をイメージする人が多いと思うんだけど、あまりそこと結び付けすぎると、イスラームに対する誤解のもとという気もオレなんかするんだな。」

「言われてみるとそうかもしれないわね。砂漠っていうと私たちにはなじみがないし、何もない荒れ果てた土地という感じですからね。そこで生まれた宗教というと、私たちにはとうてい理解しえないものという感じになってしまうものね。」

「オレもそう思うんだ。人間っていうのは、自分たちとはなじみがないと思えば思うほど、そこに住んでいる人間に対して誤解したり、信用しなかったりするところがあるからな。だから、イスラームってどんな宗教かを考えていくには、まずムハンマド自身が商人出身だということから考えていくことが大切だと思うんだ。」

「でも、素朴な質問なんだけど、イスラームが生まれたアラビア半島と、ムハンマドが商人であったということが、今一つ結びつかないんだけど。だって、あのあたりは見渡すかぎりの砂漠なんでしょ。」

「龍太郎の今の疑問が、これまでイスラームの正しい理解を妨《さまた》げてきた一つの要因と言えなくもないんだ。ちなみに『サラセン』という言葉を知っているか？　まあ知ってるわけないか。」

「確か、ムスリムのことを指すのよね。どこかで聞いたことがあるわ。」

美津子が言った。

「その通り。ギリシャ、ローマ時代の昔からイスラーム教徒を指す言葉として、長らくヨーロッパで用いられてきた言葉なんだ。ただ、その語源はよくわかってなくて、そのうちの有力なもののうちの一つにアラビア語で『砂漠』を意味する『サフラー』から来ているんじゃないかとも言われているんだ。もし語源がその通りだとすれば、イスラームがあまりに砂漠というイメージと結びつきすぎるので、イスラームを正しく理解する上では、ムスリムをサラセンというのはあまり適当でない気がするね。」

「サラセンなんていうのは、聞いたこともないや。」

「そうだろうな。実際、最近は死語になりつつある感があるからね。使われなくなってきた理由の一つとしては、語源の問題のほかに、歴史的にはこの言葉がヨーロッパ人の偏見と共に用いられてきたという事情があるだろう。特にヨーロッパの中世期には、イスラームに対する恐れや侮蔑やなんかが綯《な》い混ぜになりながら使われてきたからね。」

「どういった具合に。」

「例えば、『ローランの歌』という中世最大の叙事詩の一つと呼ばれるフランスの大叙事詩があるが、この詩の中ではムスリムをサラセン人と呼び、しかもイスラームの王マルシルが神を崇《あが》めずムハンマドの像を拝むなど、イスラームの教義からはありえない形でムスリムを描いているんだ。」

「これはムスリムは怒るだろうね。」

「当然だな。ところで、ルネサンス期の文豪とされるダンテがその『神曲』地獄篇で、ムハンマドらが生前世を惑わせたとして地獄で悲惨な苦しめられ方をしている場面を描いているのは有名で、だからイスラーム世界では、この書は発禁処分にされているわけだけど、ムスリムが感じる侮辱はそれに近いものがあるだろうな。」

「そういえば、最近でもラシュディ氏が書いた小説『悪魔の詩』がイスラーム社会を怒らせましたから、ヨーロッパのそういった傾向は未だに存在しているのでしょうね。」

美津子が言った。

「確かに、ないとは言えないだろう。あ、ちょっと話がそれたね。いずれにしても語源的にも、言葉が使われてきた背景という点でも、サラセンという語はイスラームの正しい理解を妨げるおそれはあるだろうな。そもそもイスラームが生まれたメッカという街を、砂漠というどちらかといえば鄙《ひな》びたイメージで捉えるのは適当ではないんだ。」

「じゃあ、メッカは当時はどんな街だったの？」

「ああ、ちょっとそこを話そうか。当時の中東世界は、二大強国が覇を競っていたんだ。

一方には、トルコ半島からバルカン半島にかけて存在した東ローマ帝国が、その西隣には、現在のイランを中心に展開していたササン朝ペルシャという国があり、この両者はしょっちゅう戦争をしていたんだ。そこでこの二つの国を横切る東西間の交易路は次第に衰え、かわってアラビア半島経由の交易路が繁栄しつつあったんだ。実はその拠点としてあったのがメッカで、ちょっとした国際貿易都市としての活況を見せはじめていたのがこの街なんだ。」

「じゃあ、メッカは立派な都市だったんだね。」

「そうさ。人口は一万人位あったと言われている。ただ、今からすると、一万人というと大したことないという感じがするんじゃないか。でも当時は、世界人口がようやく一億五千万を出るくらいだといわれているから、今の世界人口の四〇分の一程度になるんで、単純計算で今だったら四〇万を超える人口を有していたことになるから、立派な都市だったと言えるね。ヨーロッパなんかはこの時代から五〇〇年以上たった後でも、都市の人口は、普通は五千人から一万人というからな。」

「メッカが立派な都市だったとすれば、ムハンマドが商人であったということと結びつくよ、お父さん。」

「そりゃよかった。そういうわけで、間違いなくイスラームは、洗練された都市の、あるいは信用が第一の商人ならではの宗教だと言えるだろう。だから商業道徳には厳しいものがあるし、イスラームの教えが、公正や社会正義といった考えに基づいているのもそうした理由によるんだ。ちょっと見てみようか。」

アッラーは、あなたがたの軽はずみな言葉の誓いに対し、あなたがたを非難されない。だがあなたがたが誓って約束したことに対してはその責任を問う。その贖罪《しょくざい》には、あなたがたの家族を養う通常の食事で、一〇名の貧者を養え、またはこれに衣類を支給し、あるいは奴隷一名を解放しなさい。（これらのことが）出来ない者は、三日間の斎戒をしなさい。それがあなたがたが誓いをした時の賠償である。あなたがたは自分の誓いを守れ。（5・89）

「この章句のように、コーランでは商取引を行う上での大原則からはじまって、さらに細かく、信用される経済上の営みのための戒めにまで触れているんだ。」

あなたがたの間で、不法にあなたがたの財産をむさぼってはならない。またそれを贈って裁判官に近づき、他人の財産の一部を、不当であると知りながらむさぼってはならない。（2・188）

また十分に計量し正しく量れ。（6・152）

「コーランって、こんなことまで書いてあるんだね。」

「確かに、宗教の聖典っていう感覚からすると、ちょっと意外な感じを受けるかもしれないな。意外ついでにもう一つ。今から見る章句は、お金の貸し借りについての取り決めだけど、これについても、ここまで書いているのかという感じを持つんじゃないか。ちょっと長いけど見てみよう。」

あなたがた信仰する者よ、あなたがたが期間を定めて貸借する時は、それを記録にとどめなさい。あなたがたのことがらを公正な記録者に記録させる。記録者は、アッラーが教えられたように記録し、書くのを拒むことはできない。それでかれに記録させなさい。債務者に口述させなさい。かれの主アッラーを畏れ、少しもそれを少なく言ってはならない。もし債務者が、精神的に欠けるか幼弱者であり、または自ら口述できない場合は、後見人に公正に口述させなさい。あなたがたの仲間から、二名の証人をたてなさい。二名の男がいない場合は、証人としてあなたがたが認めた、一名の男と二名の女をたてる。もし女の一人が間違っても、他の女がかの女を正すことができよう。証人は（証言のために）呼ばれた時、拒むことは出来ない。事の大小にかかわらず、期限を定めた（取り決めは）記録することを軽視してはならない。それは、アッラーの御目には更に正しく、また正確な証拠となり、疑いを避けるために最も妥当である。ただしあなたがたの間で受け渡される、直接の取引の場合は別である。それは記録にとどめなくても、あなたがたに罪はない。だがあなたがたの取引にさいしては、証人を立てなさい。そして記録者にも、証人にも迷惑をかけてはならない。もし（迷惑がかかることを）すれば、本当にそれはあなたがたの罪である。だからアッラー

を畏れなさい。アッラーは、あなたがたを教えられた方である。アッラーはすべてのことを熟知されておられる。（２・２８２）

「すごいわね、何か法律関係の本を読んでるみたいだわ。」

「まあ、味けない法律集の文言とくらべれば、はるかにこっちの方が温かみを感じるんじゃないかな。他にはね、以前、ムハンマド自身が孤児として育ったという話をしたけど、孤児の財産についても、コーランにはこんな規定があるんだ。」

孤児たちの財産を返還しなさい。（自分の）悪いものを、（かれらの）良いものと替えてはならない。またかれらの財産をわがものにしてはならない。誠にそれは大罪である。（４・２）

孤児が成人に達するまでは、最善の管理のための外、あなたがたはその財産に近づいてはならない。（６・１５２）

「これ以外にも、孤児の財産について触れている部分はコーランには多いんだ。これは一つにはムハンマド自身が孤児として育ったということと、社会的弱者への配慮というイスラームならではの考え方がそのベースにあるんだろうな。」

「あと、こんな考え方はできない？」

美津子が言葉をはさんだ。

「確か、学生時代にハムラビ法典の条文にも未亡人や孤児など、社会的弱者を保護するための条文が多いと習ったような気がするんですけど、イスラームとは同じ中東ということで何か関係があるんじゃないかしら？」

「直接関係しているかどうかは定かではないな。だだ、あの地域には古くから法典類が発達していて、社会的弱者への配慮というのは伝統としてあるので、その延長線上でコーランのこうした章句を捉えることができるかもしれないね。」

「一般にハムラビ法典といえば、目には目を、歯には歯をというキャッチフレーズで、いたずらに怖がりますよね。だけど、あの背景にしたって、被害者の加害者に対する復讐のエスカレートを防ごうということだから、全く恐れる理由などないんですものね。」

「オレもそう思うんだ。だから、このハムラビ法典といいイスラームといい、中東に関してはあまりにヨーロッパ人の色眼鏡が濃すぎる感じがするよな。」

「ハムラビ法典については、僕も恐い法典があるなと思っていたんで、そういうことではないんだね。」

「そういうことだ。でもお母さんの視点はなかなか面白かったよ。」

「そう？　なかなかのもんでしょ。」

ここでも美津子はおどけてみせた。

「さて、商取引に関する話のついでに、イスラームでは利子が禁じられているという話をしようか。コーランではこうなっているんだ。」

利息をむさぼる者は、悪魔にとりつかれて倒れたものがするような起き方しか出来ないであろう。それはかれらが「商売は利息を取るようなものだ。」と言うからである。しかしアッラーは、商売を許し、利息（高利）を禁じておられる。（2・275）

「ところで龍太郎、利子とか利息の意味はわかるよな。」

「うん、だいたい。」

「だいたいってか。じゃあ、説明するよ。例えば、AさんがBさんに一万円を貸したとする。普通の経済行為でいくと、借りた方のBさんは、Aさんにお金を返す際に何%かのお金を加えて返す。例えば三%としようか。そうすると一万円の三%だから……。」

「ええと、三〇〇円。」

「そう三〇〇円だな。これが利子というやつで、これを加えてBさんは都合、一万三〇〇円をAさんに返すことになるというわけだ。」

「ところで、この利子がなぜいけないの？」

「理由はいろいろあるが、まずこの貸し借りの中で貸した方のAさんは、お金を貸すという行為だけで全く働かず、まさに労せずして利子分の三〇〇円を儲《もう》けていることになるよな。きちんと汗水流して働いて得たお金こそ尊いという考えからすれば、このお金の稼ぎ方は望ましくないということなんだ。」

「その考え方はよくわかるな。」

「あと利子がいけない理由としては、このAさんは全くリスクを負ってないってことだね。」

「リスクって？　ちょっとわからないな。」

「ああ、そうか。つまり、このAさんはお金を貸しただけで、返される際には確実に利子が上乗せされてくるから、リスク、つまり危険を冒さないで儲けを得ることができるんだ。」

「でも、Bさんの方でお金が返せない事情があって、確実に返ってくるとは限らないじゃないの？」

「そうくると思ったよ。それはこうだ。難しく言うと、それは法的には異常な状態で、普通はあってはいけないことだよな。だからこれをリスクとは言わないんだ。ということでこの場合も、およそお金を稼ごうとするなら安穏としてるんじゃなく、危険を覚悟した形で儲けなさいということなんだ。」

「結局は、楽してお金を儲けるなということなのかな。」

「簡単に言えばな。さらに、利子が禁じられている理由として大きいのは、以前も話したように、お金は最終的にはアッラーのものという考え方と大きく関わっているんだ。というのは、利子というのは、貯金しようが、お金を貸そうが、基本的には今あるお金は自分のものという考えで成り立っているよな。こうした考えで、ある意味で余分なお金を自分のものとして、貯金やお金を貸すことに用いると、永遠に貧富の差が埋まらない、という理屈なんだ。」

「ここでもイスラームの神の下での平等という考えが出てくるんだね。」

「その通りだ。そうすると、質問だが、お金を貸してそこから得られる利子で利益を得る典型的な企業体があるが、わかるか？」

「え、わからないよ。」

「銀行だよ。」

「え、銀行って、お金を預けるところじゃないの。」

「まあ、龍ちゃんの感覚からするとそうでしょうね。あのね、銀行の本来の業務はお金を貸して、そこから生まれる利子で儲けることなのよ。もちろん、お金を預かることも銀行の仕事だけど、そうして集められた預金を元に、個人や会社にお金を貸しているというわけよ。わかった？」

耕造に代わって美津子が説明してみせた。

「じゃあ、イスラームの国には銀行がないの？」

「ああ、これだけ国際化した時代だから、イスラームの国にも、もちろん我々が考える銀行、つまり西洋型の銀行はある。ただ、利子を禁じるというイスラームの教えにのっとり、戦後になって利子を廃したり、お金を貸すという感覚ではない、いわゆるイスラーム銀行がイスラームの各地で設立されるようになったんだ。」

「ちょっとイメージがわかないけど、どういう銀行？」

「イスラーム銀行が採用している取引の方式にもいろんなタイプがあるんだが、ただ、いずれにしてもお金の貸し借りや利子という考えをなくしているな。例として一つの方式を挙げてみようか。まず、我々のようなお金を出資する人と銀行とが共同して、ある会社が企画した事業に賛同してそこにお金を提供する、難しく言うとこれを投資というんだが、これを行う。例えばその事業が成功したとしよう。そうすれば、そこから上がる利益がやがてお金を提供した人と銀行とに戻ってきて、この利益を分配しあうという仕組みなんだ。ただ、事業が失敗する場合もあるよな。その場合は、利益分はおろか、もともと出したお金も返ってこないというケースもある。ただ、この方式がイスラームの観点からしてゆるされるのは、お金を預けたり出したりした結果、利子という形で確実にお金が返ってこない、つまりリスクを背負った投資だという考えからなんだ。」

「お金を儲けようとするなら、せめてリスクを負いなさいということだったからね。ただ、理屈はわかったけど、実際はどうなの？」

「ああ、各地のさまざまなイスラーム銀行も、戦後からいろいろと試行錯誤を繰り返したが、一九七〇年代になって、ようやく経営も安定してきたようだ。今や、イスラーム圏は言うに及ばず、ニューヨーク、ロンドン、ジュネーブにまで進出したり、逆に西洋型の銀行がイスラーム圏内の支店でイスラーム型のサービスを始めたり、専門の支店を開設したりもしている。業績も順調に伸ばしているようで、例えばエジプトのファイサル・イスラーム銀行は、西洋型の銀行に混じって、一九七七年にアラブ世界の銀行ベスト一〇〇の七七位から、八四年には五一位となり、クウェートのクウェート・ファイナンス・ハウスは、七九年の九四位から、八四年には三二位にまで躍進しているね。」

「じゃあ、ムスリムは西洋型の銀行は使わないの？」

「そんなことはないが、ただ、預けても利子を受けつけず、多くはその利子分をザカート、喜捨だな、これに回してくださいと頼むことが多いようだな。」

「ザカートは本当に良く出てくるね。」

「そうだな。ザカートといい、利子の禁止といい根っこのところは同じで、お金は最終的にはアッラーのものだから自分で貯めこまず、社会のために使いなさいという教えがベースにあるんだ。」

「そう考えると日本は逆ね。お金持ちはお金を貯め込むばかりですからね。日本の貯蓄率の高さは世界有数なんでしょ？」

「お母さん、そこが大事な点で、今の不況の原因もそこにあるかも知れないからね。こういうことなんだ。お金を使ってものを買わないから、例えばデパートやメーカーが儲からない。だから、そういうところに勤めている社員の給料が上がらないし、場合によってはくびを切られる。ということはお金に余裕が無くなるから、ものは買われないし売れない。だから……、だから……、というわけでどんどん悪循環にはまっていくんだ。」

「そうよね。逆にお金を吐き出せばその逆だから、好循環が生まれますよね。」

「ちょっと、ちょっと二人だけで仲良さそうに話さないでよ。ということは、不況の脱出の方法は、イスラームに学べっていうことだね。」

「龍太郎、うまい！　うまくまとまったところで、本日はこれでおしまい。」

「何？　いやにあっけなく終わるんだね。」

「お父さん、実は見たいテレビがあるんじゃないの？」

美津子はいたずらっぽく耕造に尋ねた。

「ばれたか。でも、これだけは見せてくれよ。このサスペンス、今日の朝から楽しみにしていたんだから。」

と、恥ずかしそうにしながら、耕造はテレビをつけにテーブルを立ったのだった。

第十夜

~ベールをかぶって、外へ出ていきましょうよ~

「イスラームといえば、気になるのはやっぱり女性のことよね。」

夕食後のテーブルを拭く手をしばし休め、独り言とも何ともつかぬ小さな声で、何かを思い出すような遠い目をしながら美津子はつぶやいた。

「今、何かいった？」

耕造は、その美津子の言葉を聞き取れなかった。

「あ、いやごめんなさい。ふっと思いついたもんですから。同じ女性としてはムスリム女性が、イスラーム社会でどういう立場に置かれているのかということが気になるのよね。あのベールで覆われたいでたちを見たら、さぞかし窮屈な思いをしているんだろうなと正直、思うんですが。」

「まあ確かに、イスラームの話をする以上は、その話は避けては通れない話だからな。」

「これはきちっと、説明してくださいよ。」

問い詰めるような口調で美津子は言った。しかも今日は、夕食後の後片付けもそこそこにテーブルに座り、はや臨戦態勢が整えられてあった。

「今日のお母さんはやけに怖いな。」

「同じ女性の話だけにね。」

「わかった、わかった。でもね、端的に言ってしまえば、これまで日本や欧米で理解されているムスリム女性の姿は、あまりにも偏見に満ちていると言ってもいいだろうな。まあ、その話はおいといて、今日はここから話をしようとおもうんだが……。あれ、ところで龍太郎は？」

「ここにいるよ、今トイレにいってたんだ。ごめんごめん。」

「じゃあ、座って座って。それじゃ、揃ったところで行くよ。今言った、イスラームの女性についての偏見の話でもなければこんな話はしないんだが、イスラーム女性に関してそう言うなら、歴史上、その他の文化圏でも、女性蔑視だと思われても仕方のない考え方がいろんな世界で見られるんだ。」

「悲しいことにそうなのよね。そういうことでいえば、私などはまっさきに儒教を思い出しますけど。」

「まあ、そうなんだろうな。儒教に関しては、孔子がこういったというんだ。『女子と小人とは養いがたしとなす』とね。なぜかというと、この両者は、近づけて良い顔をするとつけあがるし、逆に疎《うと》んじて遠ざけるとひがんだり恨んだりするんで、まことにやっかいな存在だという訳なんだ。」

「私もその言葉を聞いたことがありますが、どう考えても女性を馬鹿にしていますよね。」

耕造の目をしっかと見つめて、美津子はそう言った。

「いや、オレが言ったわけではないんで、オレに怒らないでくれよ。ただ、まあ字句通り捉えればそう思われても仕方がないだろうね。他には、キリスト教にも女性を見下しているとも捉え得る考え方があるんだ。」

「キリスト教にもですか？」

「これは意外だったろ。今から紹介する文言は、新約聖書中のもので、ただ、誰が書いたかは定かでなく、恐らくパウロかその信奉者かと言われているんだが、こういうものだ。『婦人は、静かに、全く従順に学ぶべきです。婦人が教えたり男の上に立ったりするのを、わたしは許しません。むしろ静かにしているべきです。なぜならば、アダムが最初に造られ、それからエバが造られたからです。しかも、アダムはだまされませんでしたが、女はだまされて、罪をおかしてしまいました。しかし婦人は、信仰と愛と清さを保ち続け、貞淑であるならば、子を産むことによって救われます。』と。」

「新約聖書にこんな記述があるなんて、本当に驚きね。これは確かに不愉快よ。」

「またまた怖い顔をして、オレが言ったんではないからな。」

「しつこく言わなくってもわかってますよ。ただあまりにも馬鹿にした話なんで。」

「まあ、まあ、夫婦仲良く、仲良く。」

龍太郎がとりなしに回った。

「そうそう、怒らないで行こうよ。ところでね、初期キリスト教のこうした考えは、その後も抜きがたく残っていくんだ。その例をあげればきりのないくらいにね。例えば、初期キリスト教の神学者であるテルトゥリアヌスという人物は、女性は神の似姿である男性を堕落させた存在で、女性を『悪魔が入りこむ門』だと言ったし、他には、聖書のラテン語訳を行ったことから、後に書物を司《つかさど》る守護聖人とも崇《あが》められるヒエロニムスもまた、女性のことを『悪魔の門、悪意の道、サソリの刺』なんて言っている。さらには、中世最大の神学者と呼ばれ、やはり後、学校や大学の守護聖人となり、『天使的博士』とさえ言われているトマス゠アクィナスほどの人が、女性は『道を誤った男』とさげすんでいるんだ。」

「もしかして、キリスト教の価値観に合わない者を『魔女』と断罪して処刑していったのも、そのことと関係があるのかしら？」

「間違いなくあると言えるだろう。中世ヨーロッパでは、こんな議論が大まじめに行われていたというんだ。女性を英語ではフェミニンと言うのを知っていると思うんだが、これはラテン語の『feminus』という語句からきているんだ。ところで中世のキリスト教世界では、これを『信仰』を意味する（fe）と、『欠けている』を意味する（minus）とに分け、だから女性は本来不信仰に出来ていると。」

「めちゃくちゃな議論ね。こうした考えは、恐らく多くのヨーロッパ人が知らないか、知っていても知らんぷりを決めこんでいるんでしょうね。」

「まあ、いずれにしてもキリスト教と言えば、博愛の宗教だというイメージが濃いから、こういう考えを見せられると意外だと感じる人が多いだろうね。そんなことを考えていくと、イスラームを表面上だけみて、何かムスリム女性ばかりがイスラーム世界では見下されているんじゃないかとして批判するのは、フェアじゃないという気がするんだ。そこでだ、これからの話は、イスラームでのムスリム女性の在り方が批判されるときにやりだまにされる点をあげていって、それをイスラームの立場からはどう解釈するのかという形で進めていこうと思うんだ。」

「そういうことでいうと私は、何といってもあのベールで覆われた服装が気になるわよ。」

「確かにあのベールは、イスラームに対する偏見の源中の源だからな。そのベールだが、ベールをアラビア語ではブルクー、ペルシャ語ではチャドルと言って、実は地域によって呼び方もデザインも少しずつ違っているんだ。ただ、いずれにしても全身をすっぽりと覆う服装であることには変わりがないな。服装についてのコーランでの記述を見てみようか。」

信者の女たちに言ってやるがいい。かの女らの視線を低くし、貞淑を守れ。外に表われるものの外は、かの女らの美（や飾り）を目立たせてはならない。それからヴェイルをその胸の上に垂れなさい。自分の夫または父の外は、かの女の美（や飾り）を表わしてはならない。なお夫の父、自分の息子、夫の息子、また自分の兄弟、兄弟の息子、姉妹の息子または自分の女たち、自分の右手に持つ奴隷、また性欲を持たない供回りの男、または女の体に意識をもたない幼児（の外は）。（２４・３１）

「つまり、顔と手首の先以外は、全身をベールで覆いなさいということになるわけだ。」

「ぼくもテレビで、ベールで覆われた服装をみたことがあるけど、何であいう服装をしてるの？」

今日は、美津子の陰に隠れておとなしくしていた龍太郎が尋ねた。

「まず大きな理由は、コーランでも読み取れると思うんだが、男性の目というものを配慮してのことだろうな。イスラームの教えは本当に現実というものに根を下ろした教えで、できもしない理想論を振りかざしたりしないんだ。だから男性に対してもキリスト教みたいに、『汝、姦淫することなかれ』なんてことは言わないで、そんなことはできないと考えているんだ。それで、そういう男性の性質というものを踏まえた上で、さあどうしようかと考える。これがイスラームなんだ。そんなわけで、男性に要らぬ性的刺激を与えるのを避けるという目的で、女性がすっぽりと全身を覆うというわけなんだよ。」

「まあ確かに、日本でも女性が薄着になる春や夏に性犯罪が増えるという傾向がありますからね。」

「そうそう。他には、このベールが皮肉なことに、逆に女性の社会進出を促しているという現実があるんだ。」

「どういうこと？　にわかにはわからない話ね。」

「例えば、今、日本で、就職活動を控えた女子学生の間で、ちょっとしたはやりになっていることがあるじゃないか。」

「整形？」

「そう、整形なんだ。といってもそんな大げさなものではなく、目を二重にしたり、ちょっと鼻を高くしたりとかなんだ。つまり、少しでも面接官に良く思われようということで、こんなことをするんだな。これはもちろん、外見で判断しがちな企業側の問題もあるんだが、いずれにしても採用の本質以外のところが問われるわけだ。だから、ベールをかぶることで外見にわずらわされず中身で勝負できるというんで、近年イスラーム圏でも女性の進出が盛んになってきている中、そうした女性の中でベールが見なおされてきているというんだ。」

「こうしたところでベールが役に立つなんて、確かに逆説的ね。」

「ということは、イスラームでは、人間の本当の美は中身ということなのかな。」

龍太郎の久々の登場であった。

「龍太郎、今日はおとなしいと思っていたら、なかなか良いことを言うじゃないか。」

「まあね、今日はお母さんが元気だから、こんなことでも言わないと存在感ないからね。」

「龍ちゃん、悪いわね。今日の話は自然と気合が入ってしまうのよね。他に、これはどうなの？ イスラームは、確か一夫多妻を認めていましたよね。これはどう説明されるのかしら。」

美津子の目は、確かに気合が入っていた。

「これについても多少興味本位の偏見があるな。この前話した、ハーレムについてのヨーロッパ人のイメージもこのことと恐らく結びついていて、あそこでは夜な夜な、何かいかがわしいことが行われているんだろうという具合にね。」

「イスラームでは、確か四人まで妻を持てるんですよね。」

「ああ、コーランではこうなっているんだ。」


あなたがたがもし孤児に対し、公正にしてやれそうにもないならば、あなたがたがよいと思う二人、三人または四人の女を娶《めと》れ。だが公平にしてやれそうにもないならば、只一人だけ（娶るか）、またはあなたがたの右手が所有する者（奴隷の女）で我慢して

おきなさい。（4・3）

「実はね、一夫多妻を認めた理由には、第一に歴史的背景があるんだ。というのは、イスラームがその勢力を拡大していく中で、ときに他の勢力と戦いになることがあったが、当然その中で亡くなる兵士がいるね。その兵士に妻がいる場合、その妻は未亡人となるわけだ。ところが、砂漠や遊牧生活といった厳しい環境の下で、女性が一人で生きていくことは難しい。だから、そうした未亡人を救おうという意味があったんだ。」

「イスラームらしい、社会的弱者の救済ってとこかな。」

「今日は言葉が少ない分、内容のあることを言うな、龍太郎。」

「理屈はよくわかるけど、女性としては気持ちの部分で何となくしっくりとこないところがあるわ。」

「まあ、その気持ちはわからんでもないな。ただね、一夫多妻にはまた別の理由があるんだ。前にも言ったように、イスラームでは男の性というものについて、基本的には信用していないんだ。つまり男というのは一生、一人の女性で満足できないと考える。そこで、間もなく他の女性との間にも関係ができてしまうというんだ。ところが、一夫一婦制の下では、その女性とその子は、法的にも道徳的にも認められない存在になってしまうね。それじゃ、四人まで妻を認めることで、こうした日の目をみない女性とその子を救おうというのがその理屈なんだ。」

「う～ん、何かうまく言いくるめられたような感じね……。でも確かに、できもしない理想論を説くばかりで、現実的な解決策を提供しないことよりはいいという感じもするけど。正直、ちょっと複雑な気持ちね。」

「その気持ちはそれでいいよ。ただね、実際はどうかといえば、一夫一婦というあり方がほとんどだというんだ。というのは、コーランには多くの妻を持つ前提として、さっきも見たように公平に扱いうるならという条件があり、実際こんなことは難しいし、それ以上に、煩《わずら》わしいというのが本音のようなんだ。そのことを物語るアラブのことわざは様々あって、例えば、『白黒ガラスを望むなら、二人の妻を持て』というものがあるんだ。白黒ガラスっていうのは、一方の翼が白く、他方が黒いカラスのことで、愛し合う二人を別れさせるカラスだとされているんだ。つまりこのことわざは、凶運を望みたいなら、二人の妻を持てというくらいの意味になるんだな。」

「まあ、確かにあなたを見ていると、私一人でももてあまし気味ですものね。」

「あ、いやあ……。」

「あ、いやあって、図星なの？」

「今日のお母さんは、いやに突っかかるな。」

「まあ、そういうことなのね。」

本気とも冗談ともつかない様子で、美津子はそっぽを向いた。が、すぐ気を取り直し、

「結婚と言えば離婚はどうなの？　これも印象としては、男の側が有利にできているという感じがするんですが。」

「実はそれにも偏見があるんだ。離婚の形式には、相手の死、双方の合意、一方の意志と

いうように三つの形式があるんだが、誤解しないで欲しいのは、一方の意志というときに妻側にも離婚権があるということなんだ。ただ、多くの場合、男性から離婚を申し出るということなんだが、だけどその代償は大きく、簡単には離婚できないようなシステムになっているんだよ。」

「何か、慰謝料みたいなものはあるの？」

「ああ、それはこういうことなんだ。イスラームではすでに結婚時に、結婚時、離婚時双方に、男性側から女性側に支払われるお金、つまりマハルというものについての金額の話合いが行われるんだ。通常は離婚時に支払われるマハルの方が高額で、これがあってそう簡単には離婚を申し出るわけにはいかず、それで女性の権利が守られているということなんだ。」

「結婚の時にすでに離婚の金額が話し合われているなんて驚きね。確かに、これでは簡単に離婚はできないわね。」

「そこで、お金の話のついでにもう一つ。これも女性差別だと誤って理解されているんだが、財産分与が女性は男性の半分という規定なんだ。コーランにはこうあるんだ。」

　アッラーはあなたがたの子女に就《つ》いてこう命じられる。男児には、女児の二人分と同額。（4・11）

　かれらは合法な判定につき、あなたに問うであろう。言ってやるがいい。「アッラーは、あなたがたに父母も子供もない場合、こう判定なされる。男が死んでもし子がなく、唯一人の姉か妹がある場合は、かの女は遺産の半分を継ぐ。また女が死んでもし子のない場合は、かれ（兄弟）がかの女（の遺産）を相続する。もし二人の姉妹があれば、遺産の三分の二を二人で相続する。もしまた、兄弟と姉妹があれば、男は女の二人分の分け前を得る。……。」（4・176）

「確かに、この部分だけみると女性は低く見られているということになるんだろうが、まず、この章句を歴史的に考えると大いに意義があるんだ。というのは、イスラーム誕生以前のアラビアの部族社会では、女性には全く相続権がなかったというんだな。そういうわけで、女性の相続権をコーランで明記したこと自体が、まさに革命的なことなんだ。」

「とはいっても、相続分が男性の二分の一というのは、やはりかわいそうという感じがありますが、この点はどう説明されているのかしらね？」

「うん、考えなければならないのは、男性側に家族を養う義務、つまり扶養義務があるということなんだ。仮に、夫の年収が五〇〇万円、妻が五〇〇万円としようか。ところが男性には扶養義務があるので、この中から生活費を捻出しなくてはならない。ところが、女性はまるまる自分の懐《ふところ》に入るんだ。そこでせめて相続に関して、男性に女性の二倍を認めないと釣り合わないというのがその根底にあるんだね。」

「そういうことでしたら納得出来るわ。」

「ああ、やっと納得してくれたか。ここまでいろいろ話してきたけど、例えば服装といい、一夫多妻といい、財産相続といい、我々はそこだけを見てこれを女性差別だと考えてしまうんだが、そもそもイスラームには差別なんて考えはないんだ。あるのは差別ではなくて区別、つまり男女にはそれぞれの役割分担があるというんだな。この点を見落とすとなるほど、単なる区別が差別としか映らなくなってしまうものな。」

「まあ、確かに、子を産むということは女性にしかできないし、他の誰でもなく、神様がそうお造りになったのですものね。」

「子供を産むとなったら、その前後の何ヵ月間、女性はお腹が大きくなってくるということの理由も含めて、子を産むことに専念せざるを得ないものな。だからこそ、身体的にそうしたことがなく、継続的に活動できる男性が、その分大いに働くべきだし、またそのようにアッラーがお造りになったと考えるのがイスラームということになるんだろうな。今さっき新約聖書中の言葉を引用したけど、そこにあった、女性は子を産むことによって救われるというように、出産をマイナスで捉えていれば、女性は差別されているという発想しか生まれてこないけど、そうではなく、子を産むことも立派な仕事と考えるイスラームだからこそ、女性はその中で尊敬され、また女性自身にも誇りが生まれるんじゃないかな。」

「男は世界を動かすかもしれないけど、その男の中で一人でも女性から生まれない者はいもんね。」

「ホント今日は冴えてるな、龍太郎。」

「いや、まあ学校の先生の受け売りだけどね。」

「まあ、そういうことだと思ったわ。でも本当にそうよ、龍太郎、女のお母さんのほうが偉いんだから、これからはしっかりと言うことを聞きなさいよ。」

「ああ、ほんと怖い怖い。今日のお母さんは迫力が違ったな。」

第十一夜

～「右手にコーラン、左手に剣」ってホント？～

「それにしても、昨日のお母さんは迫力があったな。」

今日の夕食は油っこい中華だったということもあり、いつものコーヒーにかえ、自らポットでウーロン茶を作りながら耕造が言った。

「頭から角が出てたんじゃないの。」

龍太郎も声をひそめて言った。

「龍ちゃん、何か言った？　ムスリム女性のことはしっかり聞いておきたかったからね。まあ、でも彼女たちをめぐってはかなりの程度が偏見だってこともわかったわよ。」

美津子も今日の様子は穏やかだった。

「そうそう、偏見ということで思いついたけど、こんな言葉を知ってるか？『右手にコーラン、左手に剣』って。」

「そういえば昔、『右手にピストル、心に花束』っていう歌詞があったわね。」

「おいおい、そうきたか。でもお母さん、それじゃ年がばれちゃうよ。」

「僕は両方とも知らないな。どういう意味があるの？」

「ああ、ピストルの方はおいといて、『右手にコーラン、……』の方はこうだ。コーランは改宗を意味し、剣は死のシンボルで、つまりムスリムは支配した人々に対して、強制的にイスラームに改宗させるか、そうでなければ殺すということを意味するというんだ。」

「本当にそうなの？」

「いやいや。そもそもこの言葉は、ヨーロッパ人が使いはじめた言葉だと言われていて、だから多分にイスラームに対する偏見が込められているんだ。」

「ただ、『ジハード』って言葉がありますよね。『聖戦』と訳すのかな。だからこの言葉からすると、やはり力づくで勢力を広げていったという印象があるわね。」

美津子が口をはさんだ。

「そこなんだな。まず、ジハードが持つ本来の意味からして我々は、この言葉を一面的にしか捉えていないところがあるんで、ちょっとこの言葉の本来の意味から話してみよう。実はね、ジハードっていう言葉のアラビア語の本来の意味は、『ある目的のための努力』ということになるんだ。」

「さっきお母さんが、聖戦って言っていたけど、そういう意味だと聖戦という意味とちょっと結びつきにくいね。」

「そうなんだ。ジハードを聖戦と訳してしまうところにそもそもの間違いの元があるんだ。今言ったように、ジハードはある目的のための努力という意味で、ちなみにムスリムにとってジハードは義務でもあるんだが、じゃあどういった目的にむかって努力するのかということなんだが、こういうことなんだ。そもそもイスラームは、我々が住む世界を二つに分けて考え、イスラームが確立されている世界を『イスラームの世界』、逆にまだ確立されていない世界を『戦争の世界』とするんだね。」

「じゃあ、もしかしたらこういうこと。ジハードというのは、イスラームを『戦争の世界』まで広げるという目的のために行われる努力ということになるよね。」

「いいね、龍太郎。まずはそういう意味になるな。龍太郎が言ったように、ジハードがある目的のための努力だとすれば、イスラームにとっての一番の目的は、これを世界に広めていくことだから、これこそがまずジハードの意味として大事になってくるね。」

「ということは、ジハードという言葉は、戦争という意味とは全く同じじゃないことにならない？」

「そうなんだ。結果的にイスラームを広げていく中で戦争になることもあるが、最初から戦いありきということではないんだな。」

「イスラーム世界を広げるための努力ということは、つまり布教ということですよね。だからジハードって、布教活動くらいの意味にならない？」

「それでいいと思うな。とすれば、仏教でもキリスト教でも、およそ宗教というのは布教活動をするわけだから、ジハードを聖戦と訳して、いたずらに恐れる必要はないんだね。ところで、ジハードにはもう一つくらい意味があって、この意味を聞けばますます恐れる必要はなくなるんじゃないかな。こういうことなんだ。イスラーム世界を広げようとするためには、自分の内面においてもいろんな欲望に打ち勝って、イスラームの教えをしっかりと守る必要がでてくる。だから、様々な煩悩を振り払って、自己の内面を高めるという行いが、ジハードのもう一つの重要な意味になってくるんだ。」

「へえ〜、そういう意味もあるんだ。」

「百歩譲って、ジハードを戦いという意味に解するんだったら、もっと広く深い意味での戦いということになるんだね。今までの話を聞いてもらえば、今から引くジハードについてのコーランの章句も誤解なく受け入れてもらえると思うんで、ちょっと見てみよう。」

だから来世のために、現世の生活を捨てる者に、アッラーの道のために戦わせなさい。アッラーの道のために戦った者には、殺害された者でもまた勝利を得た者でも、われは必ず偉大な報奨を与えるであろう。（4・74）

「ジハードについてはよくわかったよ。ただ、さっきの『右手にコーラン、左手に剣』という言葉は、ヨーロッパ人の偏見だっていう話があったけど、本当はどうなの。ムスリムは自分の宗教をおしつけたりしないの？」

「ああ、これについては、コーランの章句を見れば、『右手に……』という言葉が如何に誤ったイスラーム理解かがわかってもらえると思うな。」

宗教には強制があってはならない。正に正しい道は迷誤から明らかに（分別）されている。（2・256）

もし多神教徒の中に、あなたに保護を求める者があれば保護し、アッラーの御言葉を聞かせ、その後かれを安全な所に送れ。（9・6）

「実際のところ、イスラームに支配された人々は、一定の税金さえ納めれば生命と財産を保証された上で、しかも元の信仰を持ちつづけたまま、その地で生活できたんだ。」

「ヨーロッパ人のイメージとは、えらく違っているんじゃない？」

「そうなんだ。イスラームの他宗教に対する寛大さを示したエピソードにこんなのがあるよ。ムハンマドが六三二年に亡くなってまもなく、イスラーム勢力はアラビア半島を支配下に治め、その勢いをかって一神教のふるさと、エルサレムをも手中にしたんだ。その時のイスラームの指導者、これをカリフというんだが、この職にウマルという人物が就いていたんだな。そのエルサレムに、キリスト教の大司教でソフロニオスという人物がいたんだが、このソフロニオスは、降伏を認めた後、ウマルをエルサレムで最も重要な教会である聖墳墓教会に案内した。聖墳墓教会というのはその昔、ここでイエスが十字架にかけられたと信じられている場所に作られた教会だね。ところで、教会で案内を受けているその時、イスラームの礼拝の時間がやってきた。ソフロニオスが、その教会の中でウマルの為に礼拝の場所を提供しようとするとウマルは、『もし私がここで祈れば、そのことを根拠に私に従うものが、この教会をモスクに変えてしまうだろう。』といって断ったというんだ。」

「しかし、ウマルっていう人は、本当に偉かったんだね。」

「ああ。これはもちろん、ウマルの偉大さもあるが、イスラームが本来持ち合わせている宗教的な寛容さが背景にあることを忘れてはいけないだろうな。そのことは、十字軍時代のキリスト教の人々のあり方と比較してみるともっとよくわかるよ。」

「十字軍って何だっけ？」

「エルサレムっていう街は、キリスト教にとってもイスラームにとっても聖地だけど、一一世紀の当時は、イスラームの支配下にあったの。そこで、その聖地を取り戻すために、キリスト教側が結成した軍が十字軍ということなのよ。」

美津子が、そう龍太郎の問いかけに答えた。

「その十字軍の時代に、キリスト教徒は数々の非人道的行為を行ったと伝えられているんだ。当時、南レバノンで司教の職にあったというから、同じキリスト教徒だね、ウィリアムという名前なんだが、この人がエルサレムでキリスト教徒が行ったふるまいについて記しているので、ちょっと読んでみようか。『これほど多くの殺された死体を見るのは、恐怖以外の何ものでもなかった。そこら中にバラバラになった死体が転がっていて、地面はすべて血で覆われていた。首のない死体や切り取られた手足を見ることだけが恐怖を募《つの》らせたのではない。頭の上からつま先まで鮮血を滴《したた》らせ、すさまじい形相で目につくものすべてに暴虐の限りを尽くしている勝利者の振る舞いもまた、恐ろしさをいっそう倍加させた。』」

「これはすごいね。ホラー映画は苦手じゃないけど、ちょっとここまではね。」

さすがの龍太郎も首をすくめてみせた。

「その意味で、サラディンというイスラーム側の指導者の名とともに伝えられているイスラームの寛容さは、今のキリスト教側の行いが真実だとすると、本当に好対照といえるだろうな。サラディンは、一時キリスト教側の手中にあったエルサレムを、再び奪還することに成功するんだが、この街に勝利軍として入城する際、将兵に対してキリスト教徒を含めて、この街の一切の人々に指を触れてもいけないというお触れを出し、実際、全く殺人も略奪も行われなかったということだ。」

「キリスト教側がやったこととは、えらく違ってるじゃない。」

「龍太郎もそう思うか。しかも、こんなエピソードも残しているんだ。キリスト教側との合意がなって、キリスト教の総大司教がエルサレムから退却しようとした時のことだ。この総大司教は、合意文書で認められた自己の財産の他に、教会の貴重な財宝をも多数の車で持ち出し始めたんだ。これを見たサラディンの部下が、その行いに対してあれは協定違反だと訴えたんだね。それに対してサラディンは、こういったと言うんだ。『我々が、彼らの不利益になるように契約を解釈しようものなら、誓約を破ったといって非難されるに違いない。したがって、彼らに与えた保証は文字通りに実行する方がよい。そうすれば、イスラーム教徒は保証すると言っておきながら、契約を破ったといって非難されることはないだろう。それどころかキリスト教徒は、親切の限りを尽くしてもらったといって宣伝してくれるだろう』。こう言った後サラディンは、この総大司教に護衛までつけて、落ち着き先までの安全を図ったということなんだ。」

「かっこいい!」

龍太郎は思わず声を張り上げそういった。率直な感想だった。

「サラディンは、ヨーロッパでも人気があるんですよね。確か、ヨーロッパ人が書いた何かの作品の中で、良い意味でサラディンが登場してくるというお話を聞いたことがあるわ。」

そう言った後、美津子は、何とか思い出そうと目をつぶった。

「レッシングという一八世紀のドイツの作家が書いた『賢者ナータン』という戯曲のことじゃないか？」

「そうそう、そのレッシングよ。」

今までつぶっていた目を大きく見開き、そう素っ頓狂な声をあげた。

「この作品は、同じ一神教であるユダヤ教、キリスト教、そしてイスラーム教が対立を超えて一つの神の下に帰一すべきことを訴えた、そうした意味では、イスラームに対する偏見とは無縁の作品なんだ。そしてその中でイスラームの代表として、サラディンを登場させているんじゃなかったかな。」

「そうそう、だんだん思い出してきたわよ。それにしても、昔は敵方であった方の作品の中でこうした形で登場してくるほどですから、サラディンに関して伝えられている話は、本当に信憑性《しんぴょうせい》があるんだと感じるわね。」

「オレも同感だ。だから、世界史の大きな流れからキリスト教とイスラームの宗教的な寛容さということを比べてみると、この両者の違いを本当に感じるんだ。この差を感じてもらうためには、この両勢力による統治を経験したスペインの歴史なんかが格好の例だろうね。」

「スペインって、イスラームが統治していたことがあったの。ザビエルは確かスペインの人だよね。そのイメージが強いから、ずっとキリスト教の国なんだとばかり思ってたよ。」

「そうか。ただそう思ってる人も多いだろうな。そのザビエルが日本にくるちょっと前まで、八世紀以後、スペインというかイベリア半島の大部分を統治していたのは、イスラームなんだ。ところで、このイベリア半島にも古くからユダヤ人が住んでいたんだが、このユダヤ人に対する扱いは、イスラームの統治時代と、その後のキリスト教勢力による時代とで全く違うんだ。」

「ユダヤ人って、いろんなところで、いろんな迫害を受けてきたんだよね。」

「ただね、いろんなところでっというのはちょっと誤解があって、ユダヤ人迫害が起こったとこはというと、もっぱらキリスト教圏なんだ。」

「ということは、キリスト教勢力が統治する前の、イスラームの統治時代は、ユダヤ人は迫害されなかったということなの？」

「そうなんだ。その証拠に、イスラーム統治時代のイベリア半島には、政府の要人や医者や学者など、社会的にも地位の高いとされる職業に従事するユダヤ人が多くいたんだ。もちろん、そこはイスラーム世界だから、アラビア語をしゃべり、アラビア風の名前を名乗ったりはしたけど、ユダヤ教の信仰を棄てさせられるということはなかったんだ。」

「ユダヤ人に対しては迫害されているというイメージしかなかったから、何だかホッとするな。」

「これはウソじゃないぞ。当時、多くのユダヤ人がイスラームの政府に重用されていた中で、ハスダイ＝イブン＝シャプルートという人物がその代表的人物の一人としてあげられるだろうね。彼は元々医者で、宮廷医として政府に関わっているうちに行政的能力も認められて、後に今で言う通商大臣や大蔵大臣まで務めたんだ。他にはっというと、サムエル＝ハナギッドという人物がいるな。彼は元々、王宮のそばで八百屋を営んでいたんだが、王宮の無学な召使に手紙などの文書類の代筆を頼まれるうち、その文体の美しさがある大臣の目にとまり、やがて取りたてられ、後には大臣に登りつめ、あるいは軍の指揮官としても数々の勝利を収めたというんだ。」

「ユダヤ人といえば、頭が良いという印象がありますけど、その時代にその方面で活躍した人たちもたくさん出たの？」

これは美津子が尋ねた。

「お母さんに立てつくわけじゃないけど、こういう環境の中で出ないほうが不思議だろうな。ちなみに、現代のユダヤ研究の第一人者と言われている人物に、シーセル・ロスという学者がいるんだが、彼はその本の中で、イスラーム統治下のスペインでのユダヤ人の意義は政治的進出ということよりもむしろ、この時代、文学と思想の分野でユダヤ史の中に輝かしい一章をなしたことだと言っているほどなんだ。だからこの時代、この方面、特に詩の分野で偉大な人物を幾人も出しているよ。この時代の偉大な詩人たちについては、ユダ・アルハリシという、この時代より少し後に出た詩人が、こんなことを言っているんだ。『詩人として王冠を戴いたソロモン＝イブン＝ガビロル、詩の王子アブラハム＝イブン＝エズラ、詩の将軍ユダ＝ハレヴィ、そして詩の預言者たるモーセ＝イブン＝エズラ、これらの人々の死後、詩の泉は涸《か》れ、栄光の時代は過ぎ去り、神の天使は消えた。それ以後、このような詩人たちは決してなく、再びこのような詩はうたわれなかった。われわれはただ彼らが遺した詩に耳を傾け、彼らの後に従うのみで、彼らに追いつくことはできない。古い世代は、ふすまのない粉をもって養ってくれた。しかし今は、粉のないふすまだけがわれわれに残されている。』。」

「この時代ということで言えば、ユダヤの哲学者にモーゼス・マイモニーデスという人物がいますよね。彼は確かスペイン出身じゃなかったかしら。」

「これはお母さん、そういう名前をよく知っていたね。」

「まあね、でもそういう言い方は、ちょっと見くびりすぎじゃない。」

私を軽く見るんじゃないわよという風に、美津子は言った。

「ああ、いやいや、単純に驚いているんだよ。ホント、ホント。その通りで、彼は、中世最大のユダヤ哲学者と言われ、今もユダヤの人々からは尊敬されていて、イスラエルのテルアビブという都市には、彼の名を関した通りがあるほどだからね。彼もイスラーム統治下のスペインの生まれなんだ。彼は哲学者としてばかりでなく医者としても有能で、晩年はエジプトのカイロで、当地を治めていたイスラームのある名門の家のお抱え医師としても活躍したんだよ。」

「それにしても、イスラーム統治下でのユダヤ人たちの繁栄ぶりにはすごいものがあるんだね。」

「ただね、そうした繁栄にもやがて影が差すときがくる。イスラームに代わり、イベリア半島がキリスト教勢力によって統治されはじめるのがそのきっかけなんだ。と言っても、すぐさまユダヤ人をめぐる環境が悪化したわけではないよ。依然として政府の中枢や、知的活動において活躍するユダヤ人も少なからずいたんだ。ただ、そのことがキリスト教徒の反発を招いたんだな。一三九一年には、スペイン全土にわたって反ユダヤ暴動が起こるんだが、そのときのスローガンがまさに『改宗か死』だったというんだ。」

「それって、『右手にコーラン、左手に剣』というのと全く同じ理屈じゃない。」

「そうなんだ。イスラームに対するこの誤った標語は、見方を変えれば自分たちがそうしてきた、ある意味の後ろめたさが生み出したものといえるかも知れないね。この反ユダヤ暴動では、約五万人が殺され、数十万人が改宗を余儀なくされたというんだ。しかもひどい話で、この新たにキリスト教に改宗したユダヤ人に対して、軽蔑の意味を込めてスペイン語で『マラノ』なんて呼び方をしたんだ。意味は『豚野郎』というほどの意味で、きわめて野卑な言葉なんだ。」

「でも、なぜ豚なの？」

「うん。このマラノとさげすまれた新キリスト教徒の中には、本当に改宗した者もあるし、表面上改宗を装って、実はユダヤ教の信仰を守りつづけていた者もいたんだ。ただいずれにしても、自分たちは今やユダヤ教の信仰を棄《す》てて豚を食べていると訴えるために、軒下や扉に豚の頭を吊るしたり、ベーコンを貼りつけたりした。これが豚野郎、マラノという言葉の由来なんだ。」

「なんか悲しい話だね。」

「確かにな。こうした生き残るための必死の試みをあざわらったわけだからね。ただ、これだけでは終わらないんだよ。キリスト教勢力によるこうした迫害は、やがて組織だって行われるようになるんだ。悪名高い、異端審問というやつだ。依然としてユダヤ教の信仰を棄てない者を徹底的に探り出して、ユダヤ教徒と分かるや公衆の面前で火あぶりにされていったんだ。トマス・デ・トルケマダという人物がとりわけ悪名高い審問官で、彼の指揮によって行われた審問で、一六年の間に約二千人が焼き殺され、十万人が投獄、拷問を受けたというんだ。」

「さっきの十字軍時代のキリスト教徒のふるまいの話と同じくらい悲惨な話だね。さすがに能天気なこの僕でも、暗い気持ちになるよ。」

「まだまだだ。これだけではイベリア半島からユダヤ人の影響を取り払うことはできないと考えた、当時スペインを統治していたフェルディナンド国王とイサベラ女王は、一四九二年に期限を付けて、その期日までにスペイン国内にいる全ユダヤ人が退去するよう布告したんだ。」

「でも、ユダヤ人を全部国外に退去させるというのは、スペインにとっても大きな損失じゃないの？」

「まあ、冷静に考えればな。ただ、このときのキリスト教の人々には、もうそんな冷静な判断はなかったろうね。だけど、龍太郎の見方はそのとおりで、司馬遼太郎という歴史小説家がこんなことを言っているんだ。一六世紀の後半に海軍国スペインを象徴する、その名もずばり『無敵艦隊』がイギリスに敗れるんだが、実際その後のスペインの衰退を考えると、案外一五世紀のこのユダヤ人に対する国外退去命令が大きかったんじゃないかと。確かに面白い見方ではあるな。」

「ユダヤ人に対するキリスト教徒の軽蔑と憎悪は、本当に根深いものがあると私も感じるわ。あの文豪シェークスピアにしてもそうでしょ。『ヴェニスの商人』に出てくるユダヤ人の金貸しであるシャイロックという人物は、悪の象徴みたいな描かれ方をしてるものね。」

美津子が言った。

「そう言えばそうだな。あれもシェークスピアの個人的なユダヤ人観というよりは、キリスト教徒が持つユダヤ人観の象徴として見るべきなんだろうね。」

「ヒトラーによるユダヤ人虐殺、ホロコーストと言いましたっけ、これにしてもそうじゃない？　あれをヒトラー個人に関わる何か特殊なできごとと捉えるんではなく、キリスト教圏で起こった長い長いユダヤ人迫害の究極の一こまと考えるべきだと思うんですけどね。」

「まさしくお母さんの言う通りだと思うよ。あ、でも、ちょっとキリスト教の批判が過ぎたかな。」

「今日は、お父さんの方が力が入っていて怖かったんじゃないの」

昨日の状況を指して、間接的な表現ながら龍太郎に鬼よばわりされた美津子が、江戸の敵《かたき》を長崎で討たんとばかりそういって見せた。

「ただそれも、キリスト教徒が、イスラームに対して『右手にコーラン、左手に剣』という誤った理解に基づく言葉を言わなければ、こんな話もしなかったんだけどね。」

「しかし、お父さんもお母さんもいい大人なんだから、そうムキにならないで、穏やかに

穏やかに。」

「まあ、龍ちゃんったら、ホントにどこまでもへらず口をたたくのね。」

「お母さん、でも龍太郎の言う通りかもしれないぞ。それじゃ一つ、イスラームの寛容さにあやかって、明日は生まれ変わって話をするか。本当のところ確かに、イスラームの根底には寛容という二文字があって、これは実はイスラームの教えそのものから出てくるものでもあるんだ。じゃあ明日は、そのことについて話をするとしようかな。」

第十二夜
～みんな、アブラハムに戻ろうよ!!～

「お父さん、今日の話は、イスラームの寛容さの根拠ということでしたわね。」

キッチンの向こうから、そう美津子が声をかけた。

「え、何か言ったお母さん。ちょっと眠ってしまったみたいだな。」

夕食後、龍太郎が友達に電話をしている間の時間、心地よい睡魔に襲われた耕造は、ついうたたねをしてしまったのである。そこへ電話を終えた龍太郎がテーブルに戻ってきた。

「いえ、だから今日の話はイスラームの寛容さの根拠だったわね、と言おうとしたのよ。」

「あ、そうそう、そうだったな。」

「お父さんが忘れちゃいけないじゃない。とにかく今日は穏やかにやってよ。」

「わかった、わかった。」

「で、そこのところはどうなの？」

「ああ、イスラームっていうと、とかく排他的と思われがちなところがあるけど、少なくとも教えそのものからすると、決してそうではないんだ。特に、同じ一神教であるユダヤ教やキリスト教との関係でいうと、もっとそういうことが言えるな。ところで龍太郎、ユダヤ教の聖典って何だった？」

「えっと、旧約聖書だよね。」

「そう。ただ、ユダヤ教徒自身は自らの聖典を『旧約』とは言わないがね。ちなみに旧約という言葉は、後にキリスト教の人々が、ユダヤ教とその聖典は、神とユダヤ教徒との間に取り交わされた『旧』い契『約』としたことに基づく言葉なんで、ユダヤ教徒自身は旧約なんてどちらかと言えばマイナスイメージのこの言葉は使わないね。まあ、だけどここでは、仮に旧約という言葉を使っておこう。じゃあ、キリスト教は？」

「これは、新約聖書だよね。」

「そうだ。ただ、もちろん旧約聖書もだけどね。それじゃ、イスラーム教は？」

「これは、コーランしかないんじゃないの。」

「そうだけど、答としてはちょっともの足りないな。もちろん、コーランが最も重要な聖典であることは間違いないけど、実は旧約聖書も新約聖書もコーランに次ぐ重要な聖典としてイスラームでは位置づけられているんだ。」

「え、それってどういうこと。旧約聖書と新約聖書もイスラームの聖典っていうのが、ちょっとよくわからないんだけど。」

「そうね。私も意外だわ。ただ確かに、カーバ神殿はアブラハムが建てたと信じられていたり、巡礼の儀礼のいわれも旧約聖書の物語にちなんだものが多かったんで、不思議には思っていましたけど。」

美津子も同じ疑問を呈した。

「もちろんこれには理由があるんだ。その話をしたいと思うんで、ちょっと紙と鉛筆を持ってきてくれないかな。」

「何に使うの。」

「うん。これから、ユダヤ教徒、キリスト教徒、そしてイスラーム教徒が大筋のところ共通して認める、人類の系統図の話から始めようと思うんだが、紙に書いた方がわかり良いと思うんでね。」

「ちょっと待っててね。持ってくるから……。じゃあ、はい。」

「ありがとう。じゃあ、書いていくよ。まず、旧約聖書では人類の始祖は誰と教えているかな。」

「アダムだよね。」

「これはおなじみだね。そして、その十代後にノアという人物が出るんだ。」

「ノアの洪水のノアだよね。」

「その通り。そして、そこからさらに十代かかって例のアブラハムが出るんだ。さて、ここからの話は、以前、巡礼の話のところでアブラハムが出てきたときに話したので復習になると思うから、ちょっと質問するよ。旧約聖書によれば、アブラハムの正妻は誰になる？」

「サラという名前だったよね。」

「そうだ。ただ、このサラとの間になかなか子ができなかったんで、当時の慣習に従いサラの許しを得て、アブラハム家に仕えていたハガルという召使女性との間に出来た子が……。」

「これがイシマエルという子だよね。」

「なかなかよく覚えているじゃないか。ところでその後、旧約聖書が伝えるところによると、アブラハムが一〇〇歳、サラが九〇歳のときにこの両者の間にイサクという子ができたという話はしたね。」

「だから、旧約聖書的に言うと、正式な妻子は、サラとイサクで、逆にイスラームの側からすると、ハガルとイシマエルが正しい妻子ということだったわよね。」

美津子が言った。

「みんな怖いくらいよく覚えているな。教え方がうまいのかな。」

「そういうことにしておきますか。」

ちょっと、茶化しぎみに美津子がそう言った。

「じゃ、そういうことで。さて、ここからが次の話になるんだが、実は信仰上そのイサクの子孫がユダヤ民族、そしてイシマエルの子孫がアラブ民族になったと信じられているんだ。」

「ということは、ユダヤ人とアラブ人は兄弟みたいなものということになるの?」

「そうだね、アブラハムを父とした異母兄弟のような関係だと信仰上は言ってもいいだろう。もっとも、ユダヤ人とアラブ人は、語族の分類、つまり彼らが使っている言語の分類からすると、同じセム語族に属することになるので、どこから考えても本来は兄弟関係にある人たちということが言えるけどな。」

「そう考えると今のパレスチナ問題は、あの地にもともと住んでいたアラブ人と、あとからやってきてパレスチナにイスラエルという国を作ったユダヤ人との争いですから、兄弟喧嘩といったら語弊があるかも知れませんが、そのようなものなのかしらね。」

「逆に、近い関係だから壮絶な対立になっているのかも知れないな。まあ、ちょっとパレスチナ問題は置いとこうか。続けるよ。そこでそのイサクの子孫たるユダヤ民族からモーセをはじめとする預言者たちが出てユダヤ教が作りあげられていき、やはりそのユダヤ民族からイエスが出、その後キリスト教が作られていくことになるんだ。」

「ということは、この紙に書かれた系図をたどると、イシマエルの子孫であるアラブ民族からムハンマドが出て、イスラームが興《おこ》されていくっていうことになるんじゃないの？」

「いや、まさにそうなんだ。オレが言いたかったことを持っていかれちゃったな。」

「へへ〜んだ。」

得意になった龍太郎は続けた。

「そうすると、この三つの宗教もやはり兄弟関係ということになるわけだよね。」

「そう。ちょっとこの紙に書いた系統図を見てごらん。この三宗教それぞれの元をたどっていくよ。そうするとほら、アブラハムのところで合流するだろ。ということなんだ。とりわけこの三宗教を兄弟宗教とみなす傾向は、イスラームに一層強いな。」

「だけどイスラームは、ユダヤ教、キリスト教を兄弟宗教と思っていても、完全に認めているわけではないんでしょ。」

これは美津子が言った。

「もちろん、完全に認めていればイスラームは必要ないわけだからね。じゃあどうみなしているかを説明しよう。ここでもキーパーソンになるのはアブラハムなんだ。実はね、イスラームではアブラハムという人物を、本当に神に対して敬虔《けいけん》な理想的な一神教徒と考えていて、もしかしたらムハンマドについでか、あるいは彼と同じくらい重要な人物とみなしているかもしれないね。」

「どれほど神にたいして信仰が篤《あつ》かったの？」

「これはこういうことじゃない。以前、イサク献祭の話がありましたよね。つまり、神がアブラハムの信仰を試そうと、やっともうけたイサクを神に差し出しなさいと言う。そうしたところ、アブラハムは迷いなくかわいいわが子を殺して差し出そうとするあの話。このお話などは、アブラハムがいかに神に対して敬虔であったかを示す格好のお話になるんじゃない？」

「お母さんの言う通りでいいな。だからイスラームでは、アブラハムとその時代には、まさに理想的な一神教が行われていたと考えるんだ。アブラハムについては、次のようにコーランでも称賛されているんだよ。」

本当にイブラーヒームは一人の模範者であり、アッラーに従順で、純正な信仰者であった。かれは、偶像信者の仲間ではなく、
かれは主の恩恵を感謝する。かれがかれを選び正しい道に御導きになられた。
われは現世で、かれに幸福を授けた。来世でも必ず正しい人々の中に入るであろう。
（16・120～122）

「ところがだ、その後、正妻のサラから産まれたイサクの子孫、つまりユダヤ人の系統か

らやがてユダヤ教とキリスト教が生まれて来るわけだが、この二つの宗教はアブラハムが行っていた理想的な一神教からは、少し外《はず》れたものになってしまったと、イスラームでは考えるんだ。」

「なぜ、外れてしまったと考えるの？」

「まず、キリスト教から行こうか。キリスト教は確かに建前は一神教だが、本当に純粋な一神教と言えるのだろうか。例えば、イエスはどういう存在かな？」

「確か、イエスは神でもあるということを学校で聞いたことがあるけど。」

「そうなんだ。そうすると簡単な話だが、イエスをも神としてしまうと、天にいる父なる神と世の中に神が二つあることになってしまう。ここで今から約一七〇〇年近く前のキリスト教会はものすごく悩むんだな。つまり神が二つあることにすると、一神教の建前はくずさざるを得ない。ところが一神教の建前を貫こうとすれば、イエスを神と出来なくなる。こちらを立てればあちらが立たず。これが本当の矛盾というやつだな。」

「で、解決できたの？」

「当時のキリスト教会は、この矛盾を見事に解決してみせたんだ。つまり、天にいる父なる神と、地上に現れたイエスと、そして聖霊。聖霊はこの作用によってマリアがイエスを身ごもったんだが、この三者は、別々に見えるけども、実は唯一神のそれぞれの現れなんだと。ちょっと難しく言えば、この三つの位格は唯一神ということで一体だというので、神学上では、キリスト教のこの神観を三位一体論といって、カトリック、プロテスタントを問わずこれがキリスト教の正統的な神観とされているんだ。」

「ちょっと、ややこしい神に対する考え方だね。」

「うん。神は唯一アッラーのみという教えが徹底されているイスラームからすれば、このキリスト教の神観は、純粋な一神教の教えからははずれているということになるんだ。」

「それはわかるな。じゃあ、ユダヤ教に対してはどう思ってるの？」

「ユダヤ教に関してはその点、キリスト教よりは神は一つであるということが教義上は徹底されてはいるね。ただ、実際上それが守られているか、あるいは本当に神の教えを厳格に守っているかという点になると、イスラームからするとそうではないということになるんだろうね。例えば、モーセとともにユダヤの民をエジプトから救い出した人物にアロンというモーセの兄にあたる人物がいるんだが、これほどの人物が、モーセが十戒を刻んだ石板を神から頂いた例のシナイ山から降りてくる間、待ちきれなかったんだろうね、ユダヤの民たちの金の耳輪を鋳て子牛の像を造り、その前に祭壇を築くなんてことをしたというんだ。」

「ユダヤ教も、本当は偶像を作ったり拝んだりしてはいけないんだよね。」

「そうなんだ。イスラームももちろんそうだけど、一神教では神はもちろん一つしかないので、所詮はその神が造ったものにすぎない人間や物などを像などにして拝むなんてことは許されないんだ。ユダヤ教も本来の教えはそうなんだ。だけど、このアロンの話もそうだけど、旧約聖書には、ユダヤの民がそのことを忘れて他の神を像などにして拝んだなんていうくだりがよく出てくるんだ。ちなみに、ユダヤの民は紀元前六世紀に新バビロニアという国に滅ぼされて、しかも多くの人々がその首都バビロンに強制連行されたという、世に『バビロン捕囚』として知られる苦難を経験するんだが、それもエレミヤという旧約の預言者によれば、ユダヤの民が異教の神を拝んだりした罰としてあるということになるんだ。」

「アブラハムのように、一つの神を崇《あが》め続けるというのは難しいんだね。」

「ああ。というわけで、アブラハムの後に出たユダヤ教とキリスト教は、一神教とは言いながら、本来の教えからは外れていってしまったと。だからイスラームは、アブラハムにおいて行われていた本当に純粋な一神教を、もう一度取り戻すということを目的とした宗教だという言い方も出来るんだ。だからこう考えた方がいいのかもしれないね。つまり、確かにイスラームは、七世紀に創始された新たな宗教だけど、全くゼロの状態から生みだされたその当時の新興宗教というよりはむしろ、もう一度アブラハムに戻ろうという復帰運動だと言うこともできるということなんだ。その点を、コーランではこう記しているんだよ。」

アッラーの（道の）ために、限りを尽くして奮闘努力しなさい。かれは、あなたがたを選ばれる。この教えは、あなたがたに苦業を押しつけない。これはあなたがたの祖先、イブラーヒームの教義である。かれは以前も、またこの（クルアーン）においても、あなたがたをムスリムと名付けられた。（22・78）

「あ～、それでわかったよ。いろんな場面でアブラハムが出てくるわけが。」

「そこからイスラームのもう一つの特質が出てくるんだ。つまりね、ユダヤ教もキリスト教も、そして自分たちのイスラームも、元をたどればアブラハムで一致できるじゃないかと。だから、それぞれ立場は違っても、そういうことで仲間だから仲良くできるじゃないかというわけだ。そこでイスラームでは、ユダヤ教、キリスト教の人々を、同じ一つの神を崇拝し、それに基づく聖典をそれぞれ持ち、しかも預言者も共有しているということで、彼らを『聖典の民』と呼び仲間であると捉えるんだ。コーランではこうなってるな。」

「啓典の民よ、わたしたちとあなたがたとの間の共通のことば(の下)に来なさい。わたしたちはアッラーにだけ仕え、何ものをもかれに列しない。……。」(3・64)

「つまりこういうことなんだ。例えば、ユダヤ教徒はその唯一神を『ヤハウェ』といい、キリスト教徒は父なる神を『ゴッド』といい、さらにムスリムは『アッラー』という呼び方で呼んでいるけども、それは単に呼び方の違いだけで、実は同じ唯一の神を崇拝しているんだよ、というのがイスラームの理屈なんだ。それはコーランの次の章句でも確認できると思うんだ。」

本当に(クルアーンを)信じる者、ユダヤ教徒、キリスト教徒とサービア教徒で、アッラーと最後の(審判の)日とを信じて、善行に勤しむ者は、かれらの主の御許で、報奨を授かるであろう。(2・62)

「ところで、この三宗教を同じ仲間だとみなすのは、キリスト教側においてもそうなんだよ。それを示した言葉が『heathen』、『pagan』という英単語でね、これらの単語の意味は、ユダヤ教徒、キリスト教徒、イスラーム教徒以外の異教徒というもので、だから逆に言えば、この三宗教徒を同じ仲間だとみなしていることになるわけだ。」

「じゃあ、ぼくたち日本人の多くがheathen, paganということになるわけだね。」

「そうだな、少なくともここにいる三人はそういうことだ。」

「そう考えますと、本当にどこからいってもこの三宗教は同胞宗教ということになるわね。考えてみれば、どれもエルサレムを聖地としているわけですからね。」

「先程も言ったように、この三宗教を仲間だとみなす傾向は、イスラームに特徴的で、特にイスラームでは、そのことが教義上でも確立されているからね。」

「今までの話で、大分《だいぶ》、ユダヤ教やキリスト教との関係がわかってきたけど、さっきのお父さんの話で、イスラームではコーラン以外に、旧約聖書や新約聖書も聖典としているということだったけども、そこら辺をもう少し話してよ。」

「ああ、そうだったな。この二つの聖書については、コーランでは次のように認知をしているんだ。まず、旧約聖書、とりわけその冒頭の五書、いわゆるモーセの五書、または律法（トーラー）と言われている部分については、……。」

以前、われはムーサーに啓典を授けた。これは善行をする者に対する完全、無欠の啓

典であり、凡《すべ》てのことを詳細に解明し、導きであり、慈悲である。（6・154）

「新約聖書の冒頭の四書、すなわちイエスの事績を描いた福音書についても、……。」

われはかれらの足跡を踏ませて、マルヤムの子イーサーを遣わし、かれ以前（に下した）律法の中にあるものを確証するために、導きと光明のある、福音をかれに授けた。（5・46）

「……、とあるんだ。もちろん、その中でもコーランが一番重要な聖典であることは間違いなく、コーランはそれまでの聖典を最終的に確証するものとしてイスラームでは捉えられているな。」

このクルアーンは、アッラー以外のものによって作られるようなものではない。それどころかこれは、それ以前にあったものの確証（の啓示）であり、万有の主からの、疑いの余地を残さない、啓典の解明である。（10・37）

「今日の話で、イスラームではここまでユダヤ教やキリスト教を認めているとは思わなかったよ。本当に意外だったな。」

「それは率直な感想なんだろうな。じゃあ、今日はこれくらいにしておこう。いよいよ明日がこれまでのイスラームの話の最後になると思うんだが、……。」

「え、もう最後？」

「何だ物足りないみたいだな。」

「やっと、エンジンがかかってきたと思ったのにな。多分、お母さんは勉強しないでいいからっと思っているかもしれないけど、そうじゃないからね。」

「どうだかね。」

といいつつも内心、龍太郎のこの反応を一番嬉しく思っていたのは美津子の方だった。

最後の夜

～ノアも、モーセも、イエスも、みーんな仲間さ～

「今日がいよいよ最後だな。」

感慨深げに、耕造はそうつぶやいた。

「あなた、柄にもなく、おセンチになってるのね。」

美津子がからかった。

「柄にもなくはないだろう。いや、ただ、今日で最後かって思っただけで、それ以上でも以下でもないつもりで言ったんだけどな。なあ、龍太郎、そんなに寂しそうに聞こえたか？」

と、振ると、龍太郎は二人の会話はどこ吹く風でテレビに見入っていた。

「え、何、何か言った？」

「まあ、聞いていなかったの。それにしても、あなたは感慨なんていうのとはホント無縁ね。」

とあきれたように言って、

「じゃあ、早くテレビを消して。今日が最後で残念だといってたのがつい昨日よ。それでこの調子なんだから。」

と思わず美津子は苦笑した。

「それじゃ、最後行くか。今日は、昨日の話の続きで、コーランの中では聖書の預言者たちがどのように捉えられているか、あるいは聖書の中の物語がどう出てくるかについて話していこう。まず、一連の預言者についてだが、コーランにはこうあるんだ。」

本当にわれは、ヌーフやかれ以後の預言者たちに啓示したように、あなたに啓示した。われはまたイブラーヒーム、イスマーイール、イスハーク、ヤアコーブ、および諸支族に（啓示し）、またイーサー、アイユーブ、ユーヌス、ハールーンならびにスライマーンにも（啓示した）。またわれはダーウードに詩篇を授けた。ある使徒たちに就いては、先にわれはあなたに告げたが、未だあなたに告げていない使徒たちもいる。そしてムーサーには、親しくアッラーは語りかけられた。（4・163～4）

「今のは、ノアから始まっているけど、その前のアダムはコーランの中に出てくるの？」

「もちろんさ。どころか、天地創造の物語もコーランには出て来るんだ。」

「天地創造って、神様が六日間ですべてを造って、そのことに満足して一日お休みになったというあのお話？」

「そう、旧約聖書の中の創世記という書の一番始めに出てくるあの有名なお話だな。コーランはこう描いているんだ。」


本当にあなたがたの主はアッラーであられる。かれは六日で天と地を創り、それから玉座に座しておられる。かれは昼の上に夜を覆わせ、夜に昼をあわただしく相継がしめなされ、また太陽、月、群星を、命に服させられる。ああ、かれこそは創造し統御される御方ではないか。万有の主アッラーに祝福あれ。（７・５４）

「あ、そうそうアダムはって話だったな。それじゃ、アダムとイブが創造された話についてコーランでみてみようか。」

「天地創造の第六日目に作られたという話ですよね。旧約聖書によれば、イブはアダムのあばら骨の一部から作られたという訳だから、女性の私としては少々面白くない話ね。」

「まあまあ、穏やかに穏やかに。アダムとイブの創造についてては、聖書で用いられた史料の違いから、どうやって創造されたのかについては矛盾する記述があるけど、まあアダムも、土の塵から作られたともあるから、許してくれよ。ちょっと見てみようか。」

かれこそは、一個の魂（アーダム）からあなたがたを創り、互いに慰安を得るため、その妻を創られた御方であられる。（７・１８９）

「アダムとイブをめぐっては、別に失楽園の物語として知られる話があるが、これについてもコーランには記述があるんだ。」

「失楽園の物語は、以前、巡礼の話の時に、ラフマ山での儀礼のいわれが、この物語っていうことだったよね。」

「良く覚えていたな。この物語をもう少し詳しく説明しよう。当初、アダムとイブはエデンの園という楽園で平和に暮らしていたんだね。ところで神は、その楽園の中央に植わっている二つの木、すなわち命の木と善悪を知る木の実は決して食べてはいけないという戒めをその二人に与える。ところがある時、サタンの象徴である蛇が、まずイブにその木の実を食べるようにそそのかした。その誘惑に乗ったイブがまずその木の実を食べ、そしてアダムにもその木の実を渡し、二人して食べたと。そうしたところ、二人の目が開けて自分達が裸であることを知り、あわてて木の葉で腰のあたりを覆い隠したんだ。当然、神はお怒りになった。ところで食べたのは善悪を知る木の実の方で、そのままにしておくと、やがてこの二人は命の木にも手をつけ永遠に死なない者となる可能性がある。そのことをおそれた神がアダムとイブを楽園から追い出す。これが失楽園の物語なんだ。」

「というわけで、人類は永遠に命の木の実を食べる機会を奪われたので、誰もがやがては死ぬことになっているんですよね。」

「教会なんかではそう教わるんだろうな。この物語はコーランにはどうあるかというと……。」

（それからアーダムに仰せられた。）「アーダムよ、あなたとあなたの妻は楽園に住み、随所であなたがた（の好むものを）食べなさい。只この樹に近づいて不義を犯してはならない。」

その後悪魔［シャイターン］はかれらに囁《ささや》き、今まで見えなかった恥ずかしいところを、あらわに示そうとして言った。「あなたがたの主が、この樹に近づくことを禁じられたのは、あなたがたが天使になり、または永遠に生きる（のを恐れられた）からである。」

そしてかれは、かれら両人に誓っ（て言っ）た。「わたしはあなたがたの心からの忠告者である。」

こうしてかれは両人を欺いて堕落させた。かれらがこの木を味わうと、その恥ずかしい処があらわになり、二人は園の木の葉でその身を覆い始めた。その時主は、かれらに呼びかけて仰せられた。「われはこの木をあなたがたに禁じたではないか。また悪魔［シャイターン］は、あなたがたの公然の敵であると告げたではないか。」

かれら両人は言った。「主よ、わたしたちは誤ちを犯しました。もしあなたの御赦《おゆる》しと慈悲を御受け出来ないならば、わたしたちは必ず失敗者の仲間になってしまいます。」

かれは仰せられた。「あなたがたは落ちて行け、あなたがたは互いに敵となるであろう。あなたがたには地上に住まいと、一定の期間の恵みがあろう。」

かれは仰せられた。「そこであなたがたは生活し、死に、またそこから（復活の時に）引き出されるであろう。」（７・１９〜２５）

「旧約聖書でのお話と、そっくりそのままだね。」

「こんな感じで、聖書の中の有名な物語のうちのほとんどがコーランの中でも語られているんだ。それじゃ、龍太郎とお母さんとから一人ずつ、どんな物語をコーランで見てみたいか言ってもらえるかな。まずお母さんはどうかな？」

「そうね。ノアの洪水物語なんていうのはどうかしら。」

「龍太郎はこの物語は知っているかな。」

「うん、この前、学校で話を聞いたばかりだから。」

「じゃあ、復習がてらちょっと説明してくれるかな。」

「ある時、神が地上に悪がはびこっているのを嘆いて、人類を造ったことを後悔すると。そこでこの際、人類を滅ぼそうと洪水を起こすことを決意するんだ。ただ、ノアは神に忠実な人だったんで、ノアとその家族だけは救ってあげようとして、神はノアに箱舟作りを命じて、ノアは難を逃れたという話だよね。」

「そうだな。コーランではノアの洪水についていろんなところで触れていて、かなり詳しく記述されているところもあるが、とりあえずここでは要領よく述べられているところを引いてみよう。」


かつてわれはヌーフを、その民に遣わした。かれはその間に留まること、千年に欠ける五〇年。人びとは悪を行っている間に、洪水に襲われた。

その時われは、かれと方舟の仲間とを救い、それを万有のための訓戒とした。（29・14～15）

「それでは龍太郎はどうだ。」

「うん、やっぱりモーセがユダヤの民を率いて、エジプトを脱出するときに起こした奇跡の話かな。例の、手をかざして海を二つにわけて陸地を作りユダヤの民を避難させた後、再び手をかざして今度は海の水を流れ返させて、追ってきたエジプトの軍勢を溺れさせたというあの話だね。学校の映画鑑賞会でみた『十戒』という映画で一番印象的な場面だったからね。」

「そうか。これについてももちろんあるよ。」


われはムーサーに啓示した。「われのしもべたちと共に夜に旅立って、かれら（イスラエルの民）のために、海の中に乾いた道を（あなたの杖で）打ち開け。（フィルアウンの軍勢に）追いつかれることを心配するな。また（海を）怖がることはない。」結果たしてフィルアウンは、軍勢を率いてかれら（イスラエルの民）を追ったが、海水がかれらを完全に水中に沈め覆ってしまった。（このように）フィルアウンはその民を迷わせ、正しく導かなかったのである。（20・77〜79）

「そうそう、一連の預言者たちの中で、イエスはイスラームの中ではどう位置づけられているかについて、触れておく必要があるだろうね。」

「イエスは、キリスト教では神でもあるということだったよね。」

「そうだね。以前にも話したが、イエスのお母さんであるマリアは、イエスを処女のまま聖霊の作用によって身ごもったとされているんだが、これがキリスト教でイエスが神、あるいは神の子とされる一つの根拠ともなっているんだ。ただ、この話は、実はコーランによっても大筋、そういう話として出てくるんだが、コーランではこのようになっているんだ。」

また天使たちがこう言った時を思え。「マルヤムよ、本当にアッラーは直接ご自身の御言葉で、あなたに吉報を伝えられる。マルヤムの子、その名はマスィーフ・イーサー、かれは現世でも来世でも高い栄誉を得、また（アッラーの）側近の一人であろう。かれは揺りかごの中でも、また成人してからも人びとに語り、正しい者の一人である。」
かの女は言った。「主よ、誰もわたしに触れたことはありません。どうしてわたしに子ができましょうか。」かれ（天使）は言った。「このように、アッラーは御望みのものを御創りになられる。かれが一事を決められ、『有れ。』と仰せになれば即ち有るのである。」（3・45～47）

「まとめると、キリスト教では、そうしたある意味で神秘的な生まれ方をしたイエスを、だからイエスは神、あるいは神の子だとするんだが、イスラームでは神秘的な生まれ方そのものは認めながらも、だからといってイエスが神であるということの論証にはならないとするんだ。つまり、どういう生まれ方をしたとしても、所詮すべてのものは神のお造りになったものにしか過ぎないんで、そうしたものを神とか神の子とするのは間違っているというのがイスラームの論法なんだ。」
「ということは、イスラームではイエスを認めながらも、神とか神の子とはしていないということになるの？」
「そうなんだ。だからこれもしばしばキリスト教がイエスの神性の根拠とする、病人を癒《いや》す様々な奇跡も、コーランではこれはあくまでアッラーの神兆がイエスに表れただけであって、イエス自身が起こした奇跡でもなんでもないとするんだ。コーランではそのあたりを、イエス自身に語らせる形でこうあるんだ。」

（イーサーは言った。）「わたしは、あなたがたの主から、印をもたらしたのである。わたしはあなたがたのために、泥で鳥の形を造り、それに息を吹き込めば、アッラーの御許しによりそれは鳥になる。またアッラーの御許しによって、生まれつきの盲人や、らい病患者を治し、また死者を生き返らせる。またわたしは、あなたがたが何を食べ、何を家に蓄えているかを告げよう。もしあなたがたが（真の）信者なら、その中にあなたがたへの印がある。……。」（3・49）

「だから、イスラームではイエスはどこまで行っても、アッラーから遣わされた一介の使徒、つまり人間にしかすぎないんだ。これもコーランによればこうなる。」

「アッラーこそは、マルヤムの子マスィーフである。」と言う者は、確かに不信心者である。しかもマスィーフは言ったのである。「イスラエルの子孫よ、わたしの主であり、あなたがたの主であられるアッラーに仕えなさい。」凡そアッラーに何ものかを配する者には、アッラーは楽園（に入ること）を禁じられ、かれの住まいは業火である。不義を行う者には援助者はないのである。（5・72）

「アッラーは三（位）の一つである。」という者は、本当に不信心者である。唯一の神の外に神はないのである。（5・73）

マルヤムの子マスィーフは、一人の使徒に過ぎない。かれの以前にも使徒たちがあって、逝ったのである。かれの母は誠実な婦人であった。そしてかれら両人は食べ物を食べていた。（5・75）

「でも神は一つしかないという考え方からすれば、イスラームのこのイエスの捉え方のほうが絶対に納得がいく感じがするな。」

「龍太郎の言う通りで、私もそう思うわ。」

「何回も言うようだけど、この分かりやすさがイスラームが多くの人々をひきつけて来たところなんだろうな。」

「それにしても、昨日と今日の話でここまでユダヤ教やキリスト教と関わりが深いとは思わなかったよ。」

「そうかも知れないな。ユダヤ教やキリスト教に対するこうした一定の敬意というものが、そのままいろんな場面でイスラームの宗教的寛容さにつながっていくんだろうね。え〜と、話としてはオレからはそれくらいだけど。」

と、改まった様子で耕造は、美津子と龍太郎をゆっくり見渡しながら言った。

「ここまで何日にもわたってイスラームについて話をしてきたが、お父さんがどうしても知ってもらいたかったところについてはだいたい話せたと思うし、これから、リヤド行きに向けての準備も忙しくなるんで、ゆっくりとイスラームについて話をする機会は、ひとまずこれで最後としたいんだが、ちょっと感想をきかせてよ。」

「うん、僕は、一八〇度といったら大げさになるけど、イスラームに対するイメージがかなり変わったのは正直なところだね。イスラームについてはすごく興味がわいてきたんで、何か早くリヤドに行って、実際にムスリムたちがどんな生活をしているかみてみたいな。リヤド行きがすごく楽しみだよ。」

「私も同じ感想ね。ちょっと真面目に話すわね。いつもふざけてばかりだったから。正直なところ、こうした機会でもなければ、なかなか家族で話せる機会がなかったかもしれないので、異国の地に行く前にこうした形で家族の絆を深めることが出来たことが何より嬉しいわね。」

「何か、お母さん別人みたい。」

と真面目に話す美津子を前に、龍太郎は照れ隠しもあってそうちゃちゃを入れると、

「こういうときはそんなこと言わないの。」

という美津子の目の奥には、キラリと光るものが見られた。実は、この企画の終りを一番寂しく思っていたのは美津子だったのである。

「みんな、ありがとうな。オレもお母さんの感想に同感だ。確かに家族の団結が強まったという気がするな。個人的にはともかく、家族としていくことにいろんな意味で多少の不安があったけど、なんかこれで解消されたような気がするよ。よーし、リヤドに行ってもバリバリはたらくぞ！」

～家族で読んだ夕べ～
『コーラン』は神様からのステキな詩

2002年９月10日　第１刷発行

著　者　岡　本　英　敏
発行人　浜　　　正　史
発行所　株式会社　元就《げんしゅう》出版社
〒171-0022 東京都豊島区南池袋4-20-9
サンロードビル301
電話　03-3986-7736 FAX 03-3987-2580
振替　00120-3-31078
装　幀　純　谷　祥　一
印刷所　東洋経済印刷株式会社

※乱丁本・落丁本はお取り替えいたします。

ISBN4-906631-85-1　C0095